TAROT
y
NEUROCIENCIA

SIDDHARTH RAMAKRISHNAN

TAROT y NEUROCIENCIA

De la imaginería a la intuición y a la predicción

EDICIONES OBELISCO

Si este libro le ha interesado y desea que le mantengamos informado de nuestras publicaciones, escríbanos indicándonos qué temas son de su interés (Astrología, Autoayuda, Psicología, Artes Marciales, Naturismo, Espiritualidad, Tradición...) y gustosamente le complaceremos.

Puede consultar nuestro catálogo en www.edicionesobelisco.com

Los editores no han comprobado la eficacia ni el resultado de las recetas, productos, fórmulas técnicas, ejercicios o similares contenidos en este libro. Instan a los lectores a consultar al médico o especialista de la salud ante cualquier duda que surja. No asumen, por lo tanto, responsabilidad alguna en cuanto a su utilización ni realizan asesoramiento al respecto.

Colección Nueva conciencia
Tarot y neurociencia
Siddharth Ramakrishnan

Título original: *The Neuroscience of Tarot: From Imagery to Intuition to Prediction*

1.ª edición: noviembre de 2025

Traducción: *Juli Peradejordi*
Maquetación: *Juan Bejarano*
Corrección: *M.ª Jesús Rodríguez*
Diseño de cubierta: *Enrique Iborra*
Ilustraciones: Departamento de diseño de Llewellyn Pub.

Edita: Ediciones Obelisco, S. L.
Collita, 23-25. Pol. Ind. Molí de la Bastida
08191 Rubí - Barcelona - España
Tel. 93 309 85 25
E-mail: info@edicionesobelisco.com

ISBN: 978-84-1172-322-0
DL B 15367-2025

Printed in India

सरस्वति नमस्तुभ्यं वरदे कामरूपिणि।
विद्यारम्भं करिष्यामि सिद्धिर्भवतु मे सदा॥

Sarasvati Namastubhyam Varade Kaama-Ruupinni |
Vidyaarambham Karissyaami Siddhir-Bhavatu Me Sadaa ||

PRÓLOGO

Este libro sobre adivinación es único en su clase y es por ello por lo que es un honor para mí escribir su prólogo.

Llevo más de cincuenta años enseñando tarot, muchos de ellos en la universidad y en una facultad de artes liberales. También he estudiado psicología y desarrollo psíquico y formé parte del Movimiento del Potencial Humano de San Francisco en las décadas de los setenta y ochenta. Además, he aprendido de los mejores en el campo de la adivinación, asistiendo a cientos de congresos de tarot y astrología.

En 2022 conocí a Siddharth Ramakrishnan, un científico y lector de tarot que ofrece una perspectiva y un conocimiento sobre neurociencia que con frecuencia se pasan por alto en los campos adivinatorios, lo cual es algo que me cuesta entender.

El material que aquí se presenta será de un valor incalculable para cualquier lector avanzado de cartas, astrólogo o adivinador que desee practicar su arte y su habilidad con un verdadero nivel profesional. También será de gran ayuda para entusiastas principiantes o intermedios que deseen ganar confianza en su intuición y su percepción (*insight*)[1] al leer para sí mismos o para otros.

---

1. En español, *insight* en ocasiones se traduce por «percepción» y en otras corresponde a «introspección», «comprensión» o, incluso, «conocimiento». Para la traducción, se ha tratado en la medida de lo posible de discernir entre un sentido y otro y, en los casos en los que el autor hacía un uso particular y ambivalente del término, se ha mantenido el original entre paréntesis. *(N. del T.)*

A lo largo y a lo ancho de la historia y de las culturas, las personas han recurrido a métodos adivinatorios en momentos de estrés y confusión, cuando nuestras formas habituales de vida y expectativas no han funcionado como de costumbre. Buscamos nuevas opciones, perspectivas frescas y alternativas fuera de los patrones normales de actividad. Nuestra tendencia natural a evitar el riesgo se ve contrarrestada por los beneficios de ampliar los horizontes y de hacer uso de la imaginación y la creatividad para percibir nuevos cursos de acción y posibilidades, lo cual es potenciado por la creencia en algún tipo de guía o propósito, ya sea endógeno o exógeno. Para que esto suceda, las personas deben salir de las limitaciones del pensamiento racional y de los comportamientos basados en las normas y tradiciones sociales.

Siddharth ofrece maneras de afinar el cerebro, mejorar los procesos intuitivos, reconocer las emociones y escuchar el cuerpo; es decir, los mecanismos que usamos para dar saltos intuitivos y empatizar con un consultante.

No puedo evitar recordar ahora un libro revolucionario que se publicó en 1969, *Cómo mantener tu Volkswagen vivo*, también conocido como *The Volkswagen Repair Book* («El libro de reparación del Volkswagen»). Al desmitificar el mantenimiento de los coches, empoderó a las personas para ocuparse de sus propios vehículos, fomentando una ética del *do-it-yourself* («hazlo tú mismo»). Durante una época de movimientos contraculturales, el libro sintonizó con el deseo de autosuficiencia e independencia de la población y se alzó como símbolo de un alejamiento con respecto a las autoridades tradicionales. Esta nueva capacidad de entender y mantener el «vehículo popular» de uno mismo conectó con un cambio cultural más amplio que se estaba fraguando hacia el empoderamiento individual y la autonomía en los años setenta y ochenta.

El libro de Siddharth nos ofrece una mirada similar a lo que sucede en este vehículo que llamamos cuerpo cuando interpretamos una carta adivinatoria, una tirada, una carta astral o similares. A través de ejercicios aparentemente sencillos, herramientas de autoevaluación y explicaciones sobre cómo funciona la percepción, ganamos claridad sobre el origen de nuestra intuición. Más aún, nos ofrece los instrumentos para mejorar el uso de la intuición y de aquellas habilidades relacionadas como la empatía y la percepción psíquica, que son nuestras herramientas de navegación por la vida, esenciales aunque en ocasiones subestimadas.

Durante el último medio siglo se ha realizado una enorme cantidad de investigaciones sobre lo que los científicos llaman intuición. Uno de los hallazgos más relevantes es que, en general, la intuición acierta sólo la mitad de las veces.

La intuición nos ofrece una posibilidad del 50 %, empañada por nuestros sesgos, prejuicios, creencias, expectativas y opiniones. Necesita desarrollarse como cualquier otra habilidad. Incluso con sólo un 50 % de precisión, la intuición ya nos ofrece muy diversos beneficios y oportunidades. Entre ellos, su rapidez, acompañada de una sensación de certeza que nos invita a actuar. La ciencia ha demostrado que las habilidades intuitivas, las percepciones y las predicciones que surgen de las interacciones inconscientes entre cuerpo, mente y emociones pueden mejorar de manera considerable.

Defino la intuición como la activación instantánea de rutas neuronales previamente establecidas en respuesta a un estímulo sensorial. Este estímulo interactúa con nuestras emociones, conocimientos previos y experiencias. La intuición se activa a través del entorno por medio de nuestros sentidos físicos. En cambio, las experiencias psíquicas se transmiten por medio de lo que se conoce como los «sentidos transparentes» (*clair senses,* en inglés); son «extrasensoriales» y luego se interpretan mediante nuestras asociaciones personales. La forma en que experimentamos el mundo se basa en cómo el cerebro y el cuerpo predicen lo que podría suceder, en función de nuestras experiencias pasadas. Nuestra interacción con el mundo que nos rodea modifica cómo lo percibimos.

Los adivinadores, especialmente los lectores de tarot, inevitablemente, se sienten atraídos por las imágenes y buscan comprender qué significan. Siddharth comprende esto y nos ofrece abundantes imágenes del interior de nuestro vehículo corporal que nos sensibilizan sobre su funcionamiento. Mientras tanto, durante una lectura, seguimos externamente un terreno trazado por las cartas de una tirada que cobran vida mediante la narrativa o historia que contamos del recorrido y que incluye escenarios predictivos sobre lo que está por venir.

Además de los procesos que atravesamos internamente, los lectores de tarot tienden a tener un talento natural para lo que se llama cognición social. Esta capacidad perceptiva puede desarrollarse aún más mediante los ejercicios que Siddharth propone aquí, pues ofrece una detallada guía de los procesos que suele experimentar un consultante al recibir una lectura de cartas. Por ejemplo, en la mayoría de las barajas, un perro aparece tras los talones del Loco. Las asociaciones y experiencias personales de alguien con los perros influirán en la percepción y emoción del lector, así como en la del consultante, y éstas pueden o no coincidir con la interpretación estándar del Loco o del perro. Aquí se ve de qué forma los sesgos, como en el caso de alguien que ha sido atacado por un perro, pueden influir profundamente en su reacción ante una imagen semejante.

En 1781, el autor de una enciclopedia científica en varios volúmenes intentó demostrar hasta qué punto la sabiduría del antiguo Egipto permanecía oculta en el mundo moderno. En el volumen 8 de *Le Monde Primitif*, Antoine Court de Gébelin cuenta cómo se topó con un juego de cartas que reconoció de su infancia, aunque ya no se jugaba en París. Al mirar la carta del Mundo, «reconocí de inmediato la alegoría… con todo lo que se sabe de las ideas egipcias». Declaró que tardó menos de un cuarto de hora en explicar a los presentes las alegorías contenidas en los veintidós triunfos, observando que su forma frívola «las hacía capaces de triunfar sobre los siglos». Fue, en esencia, un destello de intuición instantánea y, como él mismo aclaró, «no imaginación», lo que le permitió reconocer «de golpe» toda la alegoría representada. Antoine Court de Gébelin estaba completamente equivocado. El tarot no provenía de Egipto, pero su intuición sirvió, aun así, para despertar el interés público por un tarot oculto y adivinatorio.

La mayoría de las personas que se vuelven entusiastas del tarot han hecho su primera lectura para alguien más cuando, a pesar de saber poco sobre las cartas, dejaron atónito al consultante por la pertinencia de lo que decían. La gente queda entonces enganchada... o sale huyendo.

Una de las primeras cosas que se oyen decir al aprender tarot es que hay que confiar en el primer pensamiento o imagen que viene a la mente. Nuestras facultades críticas, junto con la duda, bloquean la intuición. Es esencial que la percepción y la inspiración no se vean obstaculizadas por estos procesos mentales secundarios. La intuición funciona maravillosamente bien para percibir un significado relevante entre una imagen y la pregunta o problemática planteada.

Pero este libro va aún más allá, gracias a las explicaciones, las experiencias y los niveles de conciencia de Siddharth, que afinan la intuición hasta un grado increíble. Por ejemplo, hayas memorizado o no los significados de las cartas del tarot o estudiado el simbolismo de sus imágenes, la intuición desempeña un papel enorme a la hora de ayudarte a identificar el patrón general que surge de la interacción entre las cartas extraídas, las posiciones en la tirada, la pregunta y el consultante (seas tú u otra persona).

Siddharth nos proporciona la pieza que faltaba en la formación de adivinadores; una pieza que nos lleva a un territorio relativamente inexplorado al combinar los mecanismos de lo que ocurre dentro del cuerpo-cerebro con respecto a nuestra intuición, con la intención de potenciarla al máximo. A través de los ejercicios, Siddharth nos ofrece el entrenamiento y las prácticas que permitirán que tanto nuestras habilidades como el mecanismo físico que las sustenta mejoren de manera notable.

Toda disciplina o trabajo requiere su formación. Como alguien que ha pasado más de cincuenta y cinco años inmersa en el tarot, considero que, para leer las cartas de manera constante y eficaz, necesitamos sortear las limitaciones críticas y restrictivas de la mente racional, pero también debemos deshacernos de nuestros prejuicios instintivos, opiniones y actitudes para poder estar plenamente presentes ante otras formas de conocimiento. Podemos alinearnos mucho mejor con nuestro saber interno a través del tipo de comprensión y formación que se encuentra en este libro.

Deseo que este libro y las actividades que recomienda te sean de gran utilidad.

Mary K. Greer,
autora de 21 Ways to Read a Tarot Card
Diciembre de 2023

INTRODUCCIÓN

La historia de este libro tal vez comience en un frío día de primavera en Seattle, cuando vagaba por el barrio de Ballard y un paseo en busca de un café me llevó a un misterioso laberinto subterráneo: la Seattle Metaphysical Library. O quizás la historia empiece mucho antes, casi dos décadas antes, cuando estudiaba los cerebros de los caracoles y ocultaba ese lado mío inclinado a las elucubraciones astrológicas. Sin embargo, fue en algún momento del año 2001 cuando mi hermana me regaló una baraja de tarot y empezamos a leernos mutuamente entre conversaciones sobre los episodios de *Gilmore Girls* y nuestras aflicciones experimentales y amorosas. Sea donde sea que comience, esa historia me lleva a este punto, donde intento entender, y luego explicar, cómo usamos nuestro cerebro para la percepción intuitiva y la adivinación.

¿Cómo es que un neurocientífico ha terminado adentrándose en el mundo del tarot? En cierto modo, no he tenido opción. Mi padre es cirujano y mi madre, artista; así que siempre he estado equilibrando arte y ciencia. Además, al haber crecido en la India, los ámbitos de la astrología, la magia y el mito nunca estuvieron separados de la vida cotidiana. Para casi cualquier evento se consultaban cartas natales y se elegía el momento propicio. Las cirugías se programaban para las horas adecuadas. Los templos eran santuarios donde la fe y la oración formaban parte de la rutina. En la escuela, la meditación, los mantras y el yoga formaban parte del plan de estudios, así que el misticismo nunca me resultó ajeno ni extraño. Fui un niño que adoraba inventar historias a partir de las imágenes que surgían del mosaico de azulejos en el suelo de casa. De este modo, entrelazados, mi formación científica nunca estuvo en conflicto con el arte o lo Divino.

Cuando me mudé a Chicago, descubrí el tarot. Me intrigaron las pocas lecturas que recibí, y al cabo de un año, mi hermana, que también era una apasionada, me envió mi primera baraja. Desde entonces, empezamos a leernos mutuamente y lo seguimos haciendo a día de hoy. A partir de ahí, se corrió la voz, y empecé a leer para amigos, familiares y para mí mismo cuando necesitaba claridad. Pero aquí, en tierras occidentales, entre programas de doctorado y ambientes científicos, mi inclinación mística se vio relegada al armario, convertida en una rareza más de mi personalidad.

Hacia 2008 empecé a colaborar con artistas y a reencontrarme con mi lado creativo. Diversas exposiciones públicas, instalaciones y charlas me llevaron a aceptar plenamente que no era sólo un científico, sino también un artista. Alrededor de 2018 sentí que mi camino espiritual se había estancado, que necesitaba aprender más. Fue un período en el que me sentía solo, a pesar de tener amigos, familia y seres queridos cerca y lejos. La presencia constante del mundo electrónico me hizo detenerme y quise volver a la producción tangible del arte. Por alguna razón, sentía que debía vincular eso con mi recorrido espiritual y comencé a usar el tarot para esclarecer decisiones y caminos. Fue entonces cuando imaginé crear las cartas del «Neuro Tarot», inspiradas en los arcanos mayores, pero impregnadas de conceptos de neurociencia. Al principio pensé en colaborar con algún artista para ilustrarlas, pero mis intentos fallaron. Y entonces lo entendí: ¿quién más tenía los conocimientos científicos y tarológicos al mismo tiempo? Necesitaba un punto de inflexión para aceptar que mis propias habilidades artísticas podían ser suficientes.

Así comenzó un viaje que duró casi un año, dedicado a estudiar las cartas, su simbolismo y significado, y a usar esa investigación como base para superponer los conceptos de la neurociencia. A medida que avanzaba en la creación y el bosquejo de mi baraja Neuro Tarot, empecé a preguntarme qué sucedía en mi cerebro mientras las creaba. ¿De dónde venían todas esas combinaciones y correspondencias? ¿De dónde surgían esos vínculos entre el significado del tarot y los conceptos de la neurociencia? Y mientras trabajaba en ello, empezaron a aparecer señales a mi alrededor, cosas que no podían pasarse por alto. A pesar de llevar más de ocho años viviendo en Seattle, jamás había oído hablar de la Seattle Metaphysical Library. Y justo cuando estaba trabajando en esta baraja, vi por casualidad un cartel de ese lugar durante una escapada a por un café. ¡Qué extraño, y al mismo tiempo, qué apropiado!

Explorar los libros de esa biblioteca me hizo reflexionar, ya que gran parte de la investigación sobre tarot estaba hecha por académicos. Tal vez necesitaba esa validación para asegurarme de que no estaba completamente chiflado. Pero, al margen de cualquier razón, me lancé de lleno a investigar cómo usamos las imágenes y la imaginación, cómo damos el salto a la intuición y cómo extraemos conocimiento de ellas. Por un lado, mi baraja Neuro Tarot iba tomando forma y era publicada y, por otro, comencé a aprender más sobre los mecanismos mediante los cuales usamos la información del mundo que nos rodea para convertirnos en adivinadores. ¡Y fue (y sigue siendo) emocionante! ¿Quién diría que nuestros cerebros tienen tales capacidades predictivas? ¿Quién sabía que podíamos saltar del punto A al punto C con sólo unas pocas pistas? ¿Quién se imaginaba que la neuropredicción era un campo de estudio real?

Mi arte alimentó mi curiosidad, lo que alimentó mi investigación tarológica, y eso me llevó al mundo fascinante del tarot, los arquetipos, los símbolos y el cerebro. Como educador de toda la vida, creo firmemente que existe una maravilla tanto dentro como fuera de nosotros y que esa maravilla debe compartirse. Ésa ha sido mi principal motivación para escribir este libro: difundir mi amor por la neurociencia y cómo ésta se conecta con la adivinación.

¿QUÉ ES LA ADIVINACIÓN?

La adivinación puede significar muchas cosas para muchas personas. Algunas pueden definirla en términos de predecir o hacer uso de augurios y presagios para interpretar eventos. Sin embargo, para los fines de este libro, consideraremos la adivinación como una forma de tener una intuición extraordinaria o una percepción inusual. Escribí este libro investigando numerosos artículos y libros científicos y, al momento de redactarlo, no existe mucha evidencia sobre fenómenos sobrenaturales. Esto, sin embargo, no prueba que dichos fenómenos no existan. Hacia el final del libro, hablaré sobre la capacidad del cerebro humano de predecir eventos y cómo podría relacionarse con la predicción.

Como científicos, observamos, formulamos hipótesis e investigamos. Nuestros experimentos dependen de las herramientas y tecnologías disponibles en el momento y nuestras observaciones e interpretaciones se basan en nuestros órganos sensoriales, en cómo percibimos el mundo y en las limitaciones de dichos instrumentos. En este momento, no tenemos herramientas que realmente nos permitan investigar algunos aspectos de lo «sobrenatural». Tal vez, necesitemos desarrollar nuevos sensores para examinar campos de energía o auras. También tenemos que definir de manera más clara y precisa qué es la conciencia y cómo medirla. Hay muchísimo por hacer. Dadas estas limitaciones, he restringido este libro a lo que puede aprenderse a partir de la literatura actual y a cómo mejorar con las herramientas que tenemos: ¡las cartas del tarot, las cartas astrales y nuestro cerebro!

¿QUÉ ES LA NEUROCIENCIA?

La neurociencia es el estudio de las neuronas, de cómo se conectan entre sí y de su función para generar comportamientos. Este campo va más allá del cerebro: también estudia el control del cuerpo, el funcionamiento de la mente y la forma en que interactuamos con los demás. La neurociencia es un puente entre la biología y la psicología, ya que ofrece el marco físico para muchos de los conceptos abstractos que plantea la psicología. Históricamente, la neurociencia fue una ciencia reduccionista, ya que era necesario comprender los componentes básicos de algo para entender cómo funcionaba.

Pero, a medida que el campo ha madurado y gracias a las nuevas herramientas tecnológicas, especialmente en genética y neuroimagen, la neurociencia ha empezado a abordar cuestiones más amplias relacionadas con la mente, la cognición social, la conciencia, la meditación, la interacción entre los humanos y los animales, y mucho más. Éste es un momento emocionante para formar parte de este campo, ya que tenemos la oportunidad de plantear preguntas más esotéricas e intentar encontrar respuestas.

En el contexto de este libro, piensa en la neurociencia no sólo como el estudio del cerebro, sino también del cuerpo y la mente. Piénsala también no sólo en términos de percepción individual, sino en cómo se relaciona con la empatía y la percepción del otro, del yo y del yo en relación con los demás. En este libro, hablaremos tanto de los bloques de base como de lo que emerge a partir de ellos.

¿POR QUÉ LA NEUROCIENCIA DE LA ADIVINACIÓN?

Todos somos intuitivos y actuamos según la intuición. Muchas de las decisiones y elecciones que tomamos en fracciones de segundo se basan en ella. Los seres humanos somos también criaturas altamente visuales que absorbemos gran cantidad de ideas a través de las imágenes que nos rodean. Nuestro cerebro, además, necesita constantemente categorizar, etiquetar y dar sentido a lo que ve. Cuando miro las nubes, veo formas: dragones, barcos, leones. Los astrónomos han conectado estrellas formando constelaciones durante siglos y en múltiples culturas. Quizá tú también hayas visto imágenes entre las ramas de los árboles, en la corteza o incluso en la hierba. En todas partes, hay patrones e historias esperando a ser contadas a partir de esas configuraciones. Muchas de nuestras decisiones intuitivas surgen de la observación inconsciente de esos patrones en el mundo. Nuestro cerebro capta rápidamente una gran cantidad de información, forma una narrativa a partir de ella y nos dice: «¡Esto es lo que hay que hacer ahora!». Y muchos de nosotros buscamos voluntariamente señales que nos ayuden a clarificar lo que tenemos delante. Tal vez, utilices esta intuición para invertir en acciones, descargar una canción de una lista aleatoria, elegir el mejor atajo en una ruta o responder preguntas en un examen. Puede que tomes decisiones vitales basándote en esa sensación en las entrañas. ¿Debo comprar esta casa? ¿Es esta mascota para mí? ¿Es ésta mi pareja definitiva? Todos usamos el proceso intuitivo. Pero, en el caso de la adivinación, usamos imágenes de las cartas del tarot o patrones de cartas astrales para activar el camino intuitivo y llevarlo a la superficie. Estas cartas y gráficos nos permiten asomarnos a nuestro cerebro para formar un canal entre los pensamientos conscientes e inconscientes.

Entonces, ¿para quién es este libro? Todos confiamos en la intuición en nuestra vida cotidiana, en nuestras profesiones, pasatiempos y negocios. Todos nos beneficiaremos de correr el velo y ver cómo el cerebro interpreta patrones y símbolos que nos rodean y cómo nos ayuda a dar saltos de fe que nos permiten avanzar. Las metáforas y ejemplos usados en este libro están dirigidos a quienes trabajan con símbolos e imágenes del tarot. Sin embargo, pueden aplicarse fácilmente a cartas oraculares o a patrones de cartas astrales. Pero, incluso si no practicas formas esotéricas, puedes reflexionar sobre cómo usas los patrones a tu alrededor (quizá señales del cuerpo, colores, señales del universo, tendencias de datos, lo que sea) para tomar decisiones intuitivas y anticipar resultados. Si quieres saber qué te hace intuitivo y cómo mejorar en ello, este libro es para ti.

DISECCIONANDO EL PROCESO ADIVINATORIO

Entonces, ¿por qué tratar de entender cómo funciona el proceso de la adivinación? Como pensadores, muchos de nosotros sentimos una curiosidad innata por comprender cómo sucede todo. Para los adivinadores, el principal instrumento en la interpretación de señales, ya provengan de cartas, cartas astrales u otros augurios, es el cerebro. Entonces, las grandes preguntas que nos apremian son, en realidad: ¿cómo hace mi cerebro eso? ¿Por qué pensé en aquello y no en lo otro? Espero que este libro pueda ofrecer respuestas precisamente a esas preguntas. Más allá de esa curiosidad que nos impulsa a plantear estas preguntas, este libro también nos invita a reflexionar sobre el proceso del uso de la intuición y de la obtención de conocimiento más profundo a partir de ella, ayudándonos así a mejorar en el reconocimiento de señales, la superación de sesgos y la eliminación de bloqueos. Algunos de nosotros podemos quedar atrapados en ciertos temas o interpretaciones y, a veces, nuestras asociaciones intuitivas iniciales pueden ser erróneas. Comprender los procesos que dan forma a estos fenómenos nos permite detectar esos sesgos y errores y corregirlos.

Otro aspecto importante es que muchos de nosotros, al observar imágenes, tendemos a enfocarnos en ciertos detalles. La mayoría hemos sido entrenados para hacerlo según las experiencias de la infancia, el entorno en el que crecimos y aquello que nos enseñaron a notar. Esto añade una capa cultural a lo que cada uno percibe, sobre la base del observador innato que todos llevamos dentro.

Es también por eso que ningún adivinador te dará exactamente la misma interpretación de una señal. Incluso quienes observan las mismas cartas o cartas astrales están percibiendo pistas distintas y las utilizan para llegar a conclusiones basadas en sus asociaciones personales previas. Conocer tu propio proceso adivinatorio o interpretativo te ayudará a reconocer patrones en tus lecturas, detectar apoyos que usas como muletas o identificar temas que aparecen con frecuencia. A partir de ahí, ¿qué es lo que nos lleva a tener esas sensaciones instintivas que nos permiten interpretar lo que vemos? ¿Podemos, entonces, reflexionar sobre esas intuiciones y obtener una comprensión más profunda para mejorar nuestras decisiones futuras? A lo largo del camino, te propongo ejercicios y ejemplos que pueden ayudarte a perfeccionar tu arte, explorar tu cerebro y, con ello, mejorar tus técnicas adivinatorias.

Si bien es fácil enfocarse en el cerebro como el instrumento de la adivinación, tendemos a olvidar que el cuerpo también lleva la cuenta y que nuestras emociones están codificadas en él. Cada lectura adivinatoria es un recorrido por el miasma de emociones y elecciones que afectan nuestro estado mental, y toda lectura también está filtrada constantemente por el estado emocional tanto del lector como del consultante. Veremos cómo procesa el cerebro las emociones. En muchos casos, la adivinación no es un evento aislado, sino una transacción entre adivinador y consultante. Es interesante observar cómo respondemos a los demás, cómo reconocemos su energía y luego la integramos en nuestras lecturas. También es emocionante ver cómo se recibe esa información y qué se escucha en una lectura. Intentaremos comprender cómo la adivinación es mucho más que lo que el adivinador ve o dice, y pondremos el foco en la importancia de lo que uno piensa y de lo que piensan los demás. Finalmente, nos adentraremos en el fascinante campo emergente de la neuropredicción y trataremos de entender cómo nuestros cerebros son máquinas predictivas y cómo podemos acceder a ese potencial.

Espero que éste sea un viaje emocionante y una búsqueda de descubrimiento hacia tu interior, un camino hacia esa magnífica herramienta que tienes: tu cerebro. Aunque utilizo principalmente las imágenes del tarot como punto de partida, puedes pensar en cualquier herramienta de interpretación adivinatoria (cartas oraculares, cartas astrales, u otras) como activadoras de circuitos neuronales similares. A fin de cuentas, todas estas técnicas no son más que instrumentos que proporcionan información que debes analizar, interpretar y convertir en conocimiento significativo para ti. Espero que disfrutes del camino y compartas tus experiencias.

CÓMO ESTÁ ORGANIZADO ESTE LIBRO

Desde pequeños, desmontamos cosas para ver sus piezas, entender qué va dónde y cómo todo encaja. Sólo mucho más adelante en la vida empezamos a pensar en términos de abstracción y filosofía. Gran parte del campo de la neurociencia funciona del mismo modo: para comprender el cerebro, lo diseccionamos, observamos células individuales y estudiamos cómo se conectan entre sí, añadiendo información que enlaza las observaciones hasta que podemos construir conceptos como la conciencia. Como científico que intenta comprender cómo vemos el mundo, cómo seguimos las «señales del universo» y damos saltos de fe, he intentado usar una vía similar: primero descomponer los elementos y luego reconstruirlos poco a poco para entender cómo todo ello nos conduce al cerebro adivinador.

Una nota: a lo largo del libro uso los términos «adivinador» y «lector» para referirme a la persona que interpreta cartas del tarot u oráculo, lee cartas astrales o utiliza otras herramientas de adivinación. Uso los términos «consultante» o «preguntante» para referirme a quien plantea la pregunta. Tradicionalmente, esta persona se acerca al adivinador y expone un problema que requiere de esclarecimiento. Entonces, el adivinador interpreta ciertos signos para responder a la pregunta. También puede ser que tú sólo hagas lecturas para ti mismo. En ese caso, serás tanto el consultante como el adivinador.

Como se mencionó antes, no necesitas practicar tarot, oráculos ni astrología para poder sacar partido a este libro. Se trata, en esencia, de observar patrones en imágenes y ver cómo los usamos para interpretar nuestras conductas, emociones y decisiones. Sustituye una imagen o símbolo por una carta de tarot, ¡y estarás listo para empezar!

En este libro comenzamos analizando cómo procesamos las imágenes y cómo las vemos con el llamado «ojo de la mente». Exploraremos qué nos lleva a etiquetar imágenes o palabras con significados y por qué asociamos imágenes, palabras y sonidos con escenas emocionales y decisiones de comportamiento. Esto es algo que hacemos constantemente como criaturas visuales: descomponemos lo que vemos y lo reconstruimos en nuestro cerebro, pero al mismo tiempo lo codificamos, lo etiquetamos y le damos sentido al añadir asociaciones coloridas y etiquetas emocionales. Esto nos permite experimentar el mundo no sólo como es, sino como lo imaginamos en nuestra mente. La forma en que cada persona ve el mundo es única y por eso la manera en que interpretas los signos que «ves» en imágenes o cartas será distinta de cómo yo los interpreto. Las metáforas que usas para describirlos también serán diferentes de las mías. Discutiremos cómo nuestros cerebros generan estas asociaciones únicas y cómo podemos aprender a reconocerlas.

En tanto que animales, tenemos instintos. Podemos anticipar eventos y prepararnos para ellos. Pero los humanos también somos intuitivos; en ocasiones actuamos basándonos en una corazonada que hace que una decisión nos parezca «la correcta». Ésta es nuestra intuición. Aunque no sepamos por qué tomamos cierta decisión, estamos convencidos de que es la adecuada. Los adivinadores, ya sean lectores de tarot, oráculos o astrólogos, confían en este sentido de la intuición. La neurociencia estudia las habilidades intuitivas observando jugadores que adivinan los movimientos de sus oponentes, atletas que simplemente saben dónde caerá una pelota, médicos que confían en diagnósticos intuitivos, entre muchos otros. En el capítulo 2 hablaremos de la base neuronal de la intuición y de cómo podemos mejorar en su uso. También profundizaremos en los procesos que subyacen en la introspección (*insight*), ese momento «ajá» en el que comprendemos cómo hemos llegado a una conclusión particular. Tener una comprensión profunda y reflexionar sobre ella nos ayuda a usar mejor nuestra intuición y, por lo tanto, a mejorar en nuestra práctica adivinatoria.

La intuición depende en gran medida de las respuestas corporales. «Sentir un nudo en la garganta» o «sentir que tenemos una espinita clavada en el corazón» no son sólo expresiones: son respuestas reales que el cuerpo genera y que el cerebro interpreta como emociones. Además de nuestros sentidos externos (vista, oído, tacto, olfato y gusto), tenemos una serie de sensores internos que envían constantemente señales desde nuestro cuerpo al cerebro. Estas señales se recopilan y se transforman en emociones. Una buena parte de nuestra intuición se basa no sólo en interpretaciones cerebrales, sino también en respuestas físicas. Hablaremos asimismo de estas señales porque todos las usamos, consciente o inconscientemente. Esto nos permite construir una imagen más rica de los eventos. El capítulo 3 te enseñará a reconocer estas señales emocionales y a sintonizar con ellas, permitiéndote integrar esos signos corporales en tus procesos intuitivos.

En la mayoría de los casos, la adivinación es una vía de doble sentido. Un consultante se acerca a un adivinador para que interprete su carta astral, use barajas de tarot u otras herramientas adivinatorias para responder preguntas. Esto da lugar a una transacción entre dos personas y a una amplia gama de procesos mentales. El adivinador no sólo capta la pregunta del consultante, sino que también procesa inconscientemente su lenguaje corporal, su tono de voz, la elección de las palabras y su estado mental. Esto nos lleva al terreno de la cognición social, una facultad que usamos constantemente en la interacción con los demás. Siempre estamos intentando anticipar el comportamiento de los otros con información mínima. Y este mismo proceso se activa en la adivinación. Durante la lectura, el adivinador usa metáforas que surgen en su mente para construir una narrativa que transmite al consultante. Cómo éste da sentido a esa historia es otro paso fascinante en el proceso. El consultante escucha lo que escucha. Esto depende de su atención, su intención y su estado mental; todos ellos factores que filtran la historia que el lector transmite. Trataremos de desentrañar este proceso doble y lo que surge de esa transacción.

Los animales, incluidos los humanos, necesitan contantemente anticipar los eventos y planificar con antelación. Esto puede suceder a corto, medio o largo plazo. De algún modo, nuestros cerebros tienen la capacidad de anticipar y prepararse para el siguiente paso. Éste es el cerebro predictivo. Contamos con mecanismos de corrección incorporados que aprenden de errores pasados y luego predicen los posibles pasos siguientes. Los científicos llevan mucho tiempo estudiando estos fenómenos. Pero, más recientemente, algunos han empezado a adentrarse en el campo de la pronosticación: ¿puede un grupo de personas, sin saberlo, predecir eventos o situaciones que ocurrirán dentro de seis meses? ¿Existe alguna base real para la idea de la precognición? Aunque el enfoque principal de este libro no es el uso de la adivinación como medio de pronóstico, me interesaba explorar la ciencia actual que hay detrás de esas ideas.

El libro está salpicado de ejercicios para realizar diariamente que te ayudarán a perfeccionar tus habilidades intuitivas, escuchar mejor a tu cuerpo y procesar las emociones de los demás. En buena medida, lo que busca es generar conciencia sobre los distintos pasos que utilizamos en el proceso adivinatorio. Con este objetivo, el libro concluye explorando algunas tiradas de cartas del tarot, una forma lúdica de ejercitar tu intuición mientras aprendes también sobre las distintas partes del cerebro implicadas en ese proceso.

ANATOMÍA DEL CEREBRO

Hablaremos sobre diferentes regiones del cerebro. Aunque no es necesario tener conocimientos previos de neuroanatomía para acometer este libro, puede ser útil ubicar algunos puntos clave en tu cabeza.

Usa tus manos para sentir las distintas partes de tu cabeza. Pásalas por tu frente: detrás se encuentra el cerebro anterior o lóbulo frontal, sede del razonamiento ejecutivo (Ilustración 1, azul). Desliza los dedos por tus cejas y siente los huesos de las órbitas oculares. Detrás de estos se encuentra el área principal donde se registran tus estados mentales actuales: la corteza orbitofrontal. Desliza las manos hacia las sienes, el lugar que masajeas cuando te duele la cabeza o presionas para recordar algo. Debajo se encuentra el lóbulo temporal, encargado del registro del tiempo, de la memoria, de colocar eventos en secuencia e incluso de categorizarlos (Ilustración 1, verde). Éste es también el centro de la empatía. Lleva los dedos ahora detrás de las orejas y ubica la base del cráneo, justo sobre el cuello. Allí se encuentra el lóbulo occipital, la principal área visual (Ilustración 1, amarillo). Luego mueve las manos hacia la parte superior de la cabeza, en línea con las orejas. Allí está el lóbulo parietal (Ilustración 1, rosa), que abordaremos al hablar del reconocimiento de objetos y del yo en relación con el otro. Desciende hasta la nuca. Allí yace el tronco encefálico, que controla todas las funciones inconscientes, como la respiración, los ciclos del sueño y la vigilia y los biorritmos (Ilustración 1, gris).

Algunos términos de la anatomía cerebral pueden parecer difíciles, pero, si entiendes ciertas palabras clave, será más fácil orientarte. Imagina que escaneas tu cabeza de una oreja a la otra. Las zonas hacia los costados se llaman laterales. Las que están alineadas con la nariz y el «tercer ojo» se llaman mediales. Si escaneas desde la coronilla hasta la base del cuello, las zonas cercanas a la parte superior (el chakra corona o *sahasrara*) son dorsales, y las cercanas a la base del cráneo son ventrales. Finalmente, si recorres tu cabeza desde la nariz hasta la parte posterior, las zonas cercanas a la nariz son anteriores y las del fondo son posteriores.

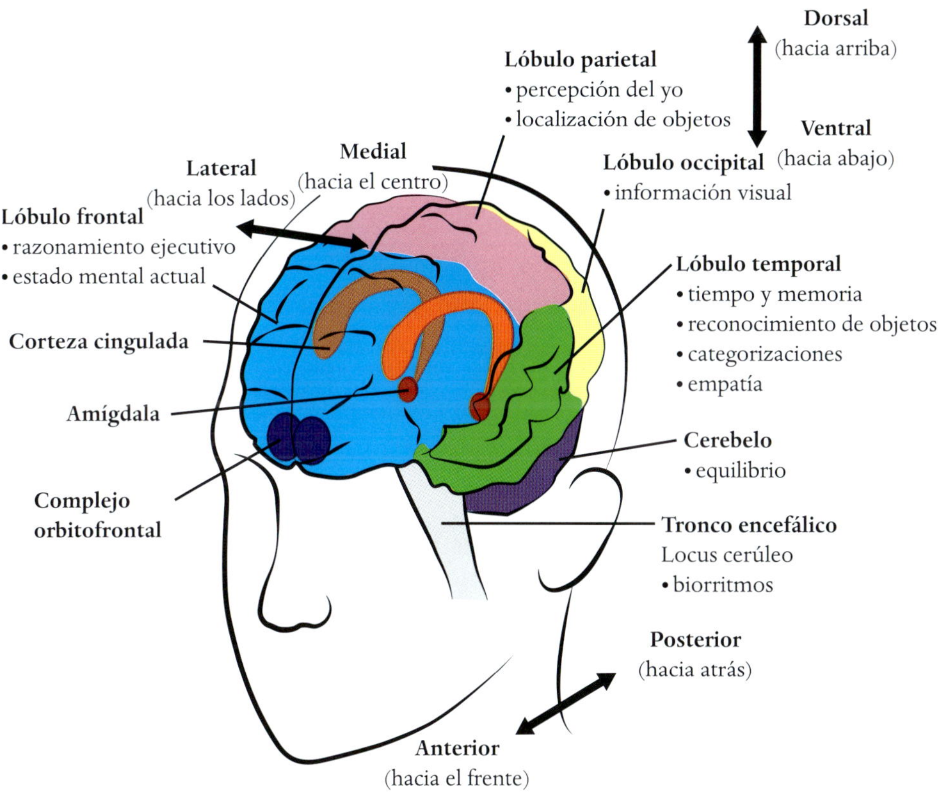

Ilustración 1: Referencias anatómicas básicas del cerebro

He intentado evitar el exceso de jerga técnica. Pero, de vez en cuando, uso términos científicos para describir partes del cerebro. Si te entusiasma este tipo de lenguaje técnico, puedes sumergirte más a fondo. Si no, puedes simplemente dejarlo pasar. Regresa a esta primera figura cuando lo necesites. Al inicio de cada capítulo encontrarás una ilustración con rutas cerebrales que te ayudará a orientarte entre las estructuras principales tratadas en el capítulo. También hay una ilustración de cerebro vacía al final del glosario, por si quieres hacer tus propios apuntes o garabatos.

CÓMO USAR ESTE LIBRO

Utiliza este libro como una herramienta para comprender cómo funciona tu cerebro en tareas simples, como ver y reconocer objetos, o en asociaciones y procesos cognitivos más complejos como la intuición y la introspección (*insight*). Puedes emplearlo como un medio para mejorar tus habilidades de observación y tus capacidades intuitivas. Los ejercicios que acompañan cada sección te permitirán no sólo entender los conceptos, sino también poner en práctica tus nuevas habilidades. Asimismo, aprenderás a escuchar más a tu cuerpo y a sintonizar con la percepción emocional a través de tu ser encarnado. La intención es que algunos de estos ejercicios te hagan más consciente de tu ser en su totalidad, ayudándote a reconocer por qué haces ciertas observaciones, por qué te sientes de determinada manera y cómo eso colorea tu historia o narrativa durante un proceso adivinatorio.

Durante la adivinación, estás respondiendo a señales no verbales, al tono y a la «sensación» de lo otro. Espero que estés en disposición de recibir estas señales, en su mayoría inconscientes, que alimentan nuestra percepción y nuestro aprendizaje, para que puedas mejorar al interpretarlas o entender qué te lleva a entrar en un determinado camino mental.

Sugiero que utilices este libro como un ejercicio de atención plena. La intención es que te vuelvas más consciente de tu cerebro y tu cuerpo, y de cómo los utilizas en tu práctica o en tus divagaciones intuitivas. Cuando se te invite a observar intencionalmente, tómate el tiempo y el espacio para hacerlo, presta atención a esa punzada en el cuerpo o a esa interpretación mental y luego déjala ir. Por supuesto, puedes psicoanalizarte y quedarte rumiando esos detalles, pero eso puede interrumpir el flujo de una lectura. Así que hazlo después. A medida que avances con los ejercicios, observa, toma nota y sigue. Es como en la meditación, cuando se te pide que inhales por una fosa nasal y exhales por la otra, sintiendo la respiración entrar y salir: sólo observa, anota y suelta.

Imagino que este libro funcionará mejor como un cuaderno de trabajo o diario con el que te tomes el tiempo para ir avanzando, así que no espero que lo leas todo de una sentada. Detente en los ejercicios y medita sobre ellos antes de pasar al siguiente. Y, por supuesto, te animo a volver a hacer los ejercicios unas semanas o meses después y a comparar tus apuntes con lo que escribiste la primera vez. Esto puede ser especialmente valioso para tu práctica intuitiva.

Cuando realices los ejercicios, intenta hacerlos paso a paso. Eso te permitirá desacelerar de forma intencional y reflexionar sobre los procesos cerebrales involucrados. Antes de comenzar, te recomiendo tener a mano un cuaderno de notas. Ten cerca tu herramienta adivinatoria favorita. Muchos ejercicios usan imágenes del tarot basadas en la baraja Rider-Waite-Smith, pero puedes sustituirlas por metáforas de cartas astrales, cartas oraculares, objetos cotidianos o incluso imágenes aleatorias. Si estas opciones no te resultan atractivas, te sugiero reunir algunos objetos comunes, revistas o sitios web con imágenes al azar para trabajar los ejercicios de visualización e intuición. Por último, algunos ejercicios te pedirán que llames a una o varias personas para comparar notas, así que tener a mano tu red social de confianza también puede ser útil. Recuerda que no hay respuestas correctas o incorrectas. Todas las reflexiones y ejercicios son para ti y para descubrirte. ¡Así que disfrútalos!

El libro también puede servirte como recurso de neurociencia para entender tu propio cerebro mientras te sumerges en el proceso adivinatorio. Cuentas con un glosario, una bibliografía y un índice onomástico, que puedes consultar si deseas profundizar en el funcionamiento cerebral. También se incluyen mapas cerebrales y otros esquemas que puedes aplicar en tus lecturas, de modo que, si alguna vez te sientes estancado, puedas identificar en qué parte del proceso ocurre esa detención.

Espero que aprender más sobre ti y sobre tus engranajes internos sea un proceso divertido y fértil…, y que te conviertas en un ser aún más mágico.

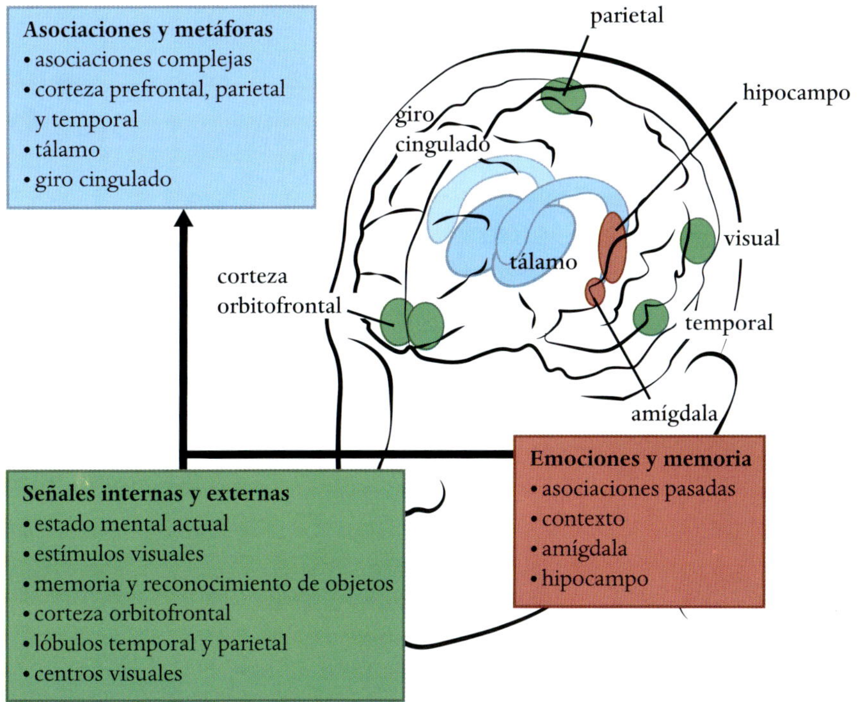

Ilustración 2: Anatomía de la imaginación y las asociaciones

Procesamos la vista con nuestros centros visuales ubicados en la parte posterior de la cabeza, y luego reconocemos los objetos utilizando otras áreas (lóbulos temporal y parietal). Esto, junto con tu estado mental actual en la parte frontal del cerebro (verde), se empareja luego con las emociones y los recuerdos en la amígdala y el hipocampo (rojo). Ambos elementos se integran para formar asociaciones y metáforas, que dan lugar a historias y narrativas (azul). La corteza cingulada y el tálamo, junto con la corteza prefrontal, son esenciales para transformar simples imágenes en ideas con significado.

CAPÍTULO 1

DE LA IMAGEN A LO IMAGINARIO Y A LA IMAGINACIÓN

Aunque los humanos contamos con una multitud de sentidos, hemos llegado a depender de la vista como nuestra principal vía para orientarnos en el mundo. No sólo nos permite interactuar con los objetos del día a día, sino que también actúa como canal para crear escenas y tramas en las que nos sumergimos. Además, tenemos la capacidad de reproducir muchas de estas imágenes en nuestra mente, incluso con los ojos cerrados. Este capítulo nos guiará a través del rico sentido de la visión y cómo vemos con el ojo de la mente. Todo ello ilustrará el proceso por el cual extraemos información de las imágenes y les atribuimos significado.

CAPTURANDO EL MUNDO EN UN ABRIR Y CERRAR DE OJOS

Saco una carta de mi baraja de tarot. Es el tres de bastos (Imagen 1), con una figura que observa el horizonte mientras unos barcos se alejan. Los rayos de sol emergen entre las nubes y, tal vez, esa persona sonríe o llora, no lo sabemos. Al observar más detenidamente la carta, pienso en viajes emprendidos y en aquellos que no se hicieron, en alguien que mira con nostalgia al pasado o al futuro. Ninguna de estas narrativas está escrita en la imagen y, sin embargo, mi mente se maravilla ante ella y se pierde inventando historias. ¿Por qué? ¿Qué sentido tienen esas historias y cómo las estoy creando? Para comprenderlo, debemos sumergirnos en cómo vemos realmente las imágenes y cómo esto conduce a interpretaciones. Después de todo, la carta no es más que un pequeño rectángulo de papel con algunos trazos.

Imagen 1: Sólo observa la carta. Tres de bastos

Mis ojos están abiertos cuando percibo la imagen de la carta. Los pequeños detalles pasan del cristalino al fondo del ojo, la retina. Es como una cámara estenopeica: el mundo se proyecta allí al fondo. Las luces, formas y colores activan células de la retina, que se encienden o apagan, enviando pulsos eléctricos que estallan gritando: «¡Oye! ¡Información entrante!». Estos pulsos corren desde el ojo hacia el centro del cerebro, que reorganiza la imagen, categorizando arriba y abajo, izquierda y derecha. Es como una imagen capturada por una cámara o una sombra proyectada en una pantalla. Y ni siquiera eres consciente aún de que has visto algo. Desde lo más profundo del cerebro, la señal corre hasta la parte posterior de la cabeza (el lóbulo occipital o tu centro visual), donde se reúnen las imágenes visuales. Aquí es donde se reconstruye la imagen completa, fragmento a fragmento, con bordes y colores, una réplica de lo que ves allá afuera. Aun en este punto, se trata sólo de una copia proyectada, sin significado ni concepto asociado. Pero, si en ese momento yo pudiera asomarme a la parte posterior de tu cabeza, a las áreas visuales, tal vez, podría reconocer lo que estás viendo (Ilustración 2).

DANDO SENTIDO AL MUNDO

El cerebro necesita dar sentido al mundo. Es la única manera en que podemos funcionar. Todo lo que percibimos debe ser categorizado y etiquetado. De lo contrario, no podríamos comprenderlo ni utilizarlo. Incluso cosas que crees no haber notado, en realidad, las has captado y es el cerebro quien decide ignorarlas. Durante nuestros primeros años de vida, aprendemos a codificar lo que nos rodea: observamos, escuchamos, olemos y generamos conexiones que asocian nombres, ideas y significados a las cosas. Más tarde, recurrimos a esas etiquetas para movernos por el mundo. Cada uno de nosotros es único, pues nuestras etiquetas también lo son. Si digo «turquesa», un tipo específico de azul, el color que imagines puede ser muy distinto al mío.

Imagina ahora que llevas una diadema con orejas de conejo. Al volver a pensar en el tres de bastos, la imagen ahora evocada en tu mente, la señal se propaga desde la parte posterior de tu cabeza (los centros visuales) hacia dos regiones cerebrales. La parte superior de tu cabeza, donde estarían las orejas de conejo (Ilustración 1, lóbulo parietal), nos ayuda a reconocer el movimiento, permitiéndonos captar los objetos y percibir su velocidad. A los lados, donde terminan las bandas imaginarias de las orejas y justo delante de tus oídos (Ilustración 1, lóbulo temporal), es donde se reconoce el objeto a partir de las etiquetas almacenadas en el pasado. Los lóbulos temporal y parietal le dan valor y contexto a lo que has visto. El lóbulo parietal coloca la imagen en un entorno: te permite reconocer su movimiento, su posición, su distancia; el lóbulo temporal aporta el significado y las etiquetas desde tu almacén de memoria, y con ello, finalmente reconoces el objeto. Es aquí donde comienzas a ver una flor como tal, añadiendo «palabras» a lo que percibes, sumando contexto según lo que has aprendido. En estas regiones cerebrales es donde las largas líneas del tres de bastos florecen en bastones con brotes, donde las olas se agitan en el océano, los barcos cobran movimiento y las franjas amarillas se transforman en rayos de sol glorioso. El cerebro atribuye, entonces, significado al boceto. Todo en una fracción de segundo.

Ejercicio 1
OBSERVAR

Gran parte de la observación y la percepción consiste simplemente en tomarse el tiempo para notar lo que hay a nuestro alrededor. Este ejercicio te ayudará a ralentizar tu proceso perceptivo y a identificar en qué momento comienzas a superponer etiquetas sutiles a las simples observaciones. Utiliza tu diario o este libro para anotar tus observaciones.

Necesitarás: tu diario, un utensilio para escribir y una baraja de tarot.

1. Mira a tu alrededor. Observa los objetos que hay en tu entorno. Anota tus observaciones sobre lo que ves.
2. Ahora intenta notar las cosas sin atribuirles valores, nombres ni emociones.
3. Escribe tus observaciones. Describe los objetos sin etiquetas ni juicios. Por ejemplo, una mesa podría describirse como una superficie plana con cuatro apoyos.
4. Observa una carta del tarot elegida al azar. Intenta notar sólo las líneas y los bordes. Acércala a ti o aléjala, enfocándola y desenfocándola. Anota lo que ves.

5. Mientras observas, ¿hay algún momento en el que la carta deja de ser sólo un conjunto de líneas y colores? Anota cuándo empieza a cobrar significado para ti.

Reflexiona: ¿Qué detalles mínimos necesita una imagen para que puedas encontrarle un sentido?

EL FANTASMA EN EL CEREBRO

Mientras escribo esto, la carta de tarot que saqué, el tres de bastos, ya no está frente a mis ojos y, sin embargo, incluso si cierro los párpados, aún puedo verla, o al menos fragmentos de la imagen en mi cabeza. Está presente en mi cerebro como un residuo, una especie de huella de la imagen. A esto se le llama ver con el «ojo de la mente» y puede hacerse sin ningún estímulo externo. Para algunos, esta imagen mental es muy vívida, llena de colores, mares azulados con rayos dorados y flores rosadas. Para otros (como yo), la imagen no es tan intensa, pero sí lo bastante clara como para reconocer lo que representa. Para algunos de vosotros, puede que no aparezcan imágenes en absoluto; tal vez sólo veáis palabras o colores al intentar visualizar algo con el ojo de la mente. Los científicos han descubierto que ver con el ojo de la mente activa los mismos centros visuales del cerebro que ver una imagen real, aunque de forma mucho más tenue.[1] Puedes imaginarlo como el fantasma de una imagen (Ilustración 3).

Esta imagen mental no tiene por qué ser sólo de algo que acabas de ver. Puedo pedirte que cierres los ojos e imagines una mesa o un atardecer. Para algunos, emergerá una mesa de cocina, quizás con sillas alrededor y un florero; otros visualizarán un escritorio robusto que necesita barniz. Algunos sólo verán un rectángulo con cuatro patas, lo mínimo necesario para identificar una mesa. El rango de intensidad de la visualización mental va desde personas con ojos

1. Pearson *et al.*, «Mental Imagery», 590-602.

mentales casi fotográficos hasta quienes no generan imagen alguna. Es útil que identifiques cuán fuerte es tu capacidad de visualización. Esto no significa que, si no tienes visualización muy «visual», no serás bueno en la adivinación. Puede que seas especialmente hábil usando las palabras o el lenguaje en tu mente para evocar situaciones, o que ciertas señales acústicas o aromas despierten en ti recuerdos más vívidos. Explorar cómo evocas imágenes en tu ojo interior te ayudará a identificar tus fortalezas y a mejorar tu capacidad para reconocer e interpretar señales.

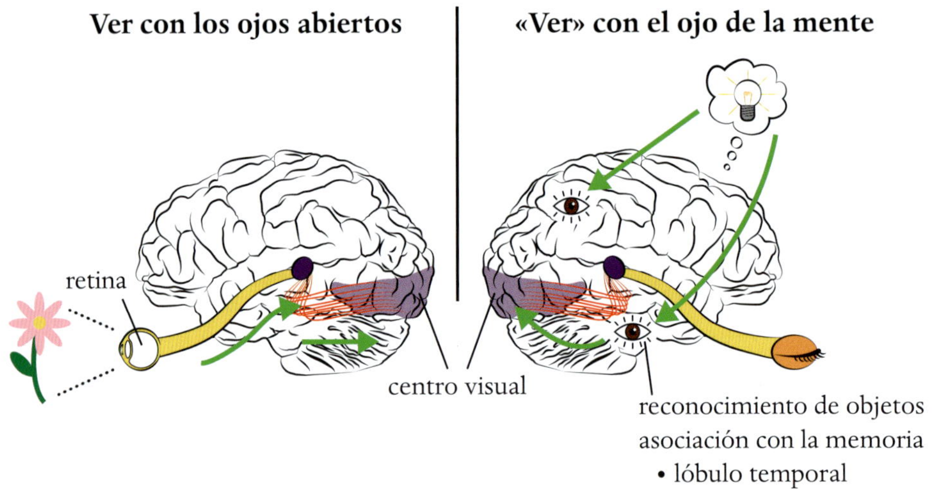

Ilustración 3: Ver con el ojo de la mente

Incluso con los ojos cerrados, uno aún puede generar imágenes en su mente. La imagen mental sigue activando los centros visuales, aunque no esté entrando ningún estímulo real por los ojos.

La imaginación mental de las cartas o lecturas se vuelve especialmente importante cuando algunas de ellas evocan interpretaciones tan intensas que nos obsesionamos con ellas y nos cuesta soltarlas. Por ejemplo, cuando comencé en el tarot, solía temer la carta del

Diablo. Sólo había escuchado tópicos negativos sobre ella y, además, atravesaba emociones reprimidas propias, así que cuando aparecía en una lectura, sentía inmediatamente una punzada en el estómago. Incluso si el lector ofrecía una interpretación positiva del Diablo, yo no lograba superar mis propias asociaciones simbólicas ni las connotaciones negativas que le había atribuido. La imagen mental que esa carta evocaba en mi cabeza ya estaba condicionando mi forma de entenderla.

Esto no quiere decir que debas ignorar todos los significados o las interpretaciones negativas, pero sí es importante observar si tiendes a aferrarte a un significado concreto de una carta en cada ocasión, incluso cuando otras señales o el contexto sugieren algo distinto, o si no estás abierto a nuevas formas de «ver» las imágenes debido a algún trauma o dolor profundo ligado a ciertos símbolos. Estas asociaciones negativas también pueden despertar reacciones emocionales que bloquean otra información. Esto puede derivar en la formación de sesgos, en no reconocer que estamos repitiendo bucles emocionales del pasado y en no interpretar lo que la carta significa en la situación presente.

Si reconoces que estás atrapado en un bucle de imagen-interpretación, puede ser útil realizar algunas visualizaciones de limpieza para despejar la mente y debilitar la fuerza de esos fantasmas simbólicos.

Ejercicio 2
LIMPIEZA VISUAL

A veces necesitamos liberarnos de una imagen o un pensamiento. Este ejercicio te ayudará a despejar tus entradas sensoriales.

Necesitarás: cuatro hierbas o especias, granos de café, algunas tazas, un utensilio para escribir y tu diario; una baraja de cartas, una hoja en blanco, un utensilio para escribir y tu diario. También puedes usar un temporizador si lo deseas.

Limpieza del sentido del olfato

Parte 1: Calentamiento

Intenta no hacer pausas entre los pasos.

1. Coloca cuatro hierbas o especias frente a ti. Huele una tras otra.
2. Escribe en tu diario qué percibes después de oler cada una.

Parte 2: Usando granos de café como limpiador olfativo

1. Usando las mismas hierbas o especias de la parte 1, huele una. Escribe en el diario qué percibes.
2. Antes de pasar a la siguiente, huele algunos granos de café.
3. Repite los pasos 1 y 2 para todas las hierbas.

Parte 3: Reflexión

1. Compara tus anotaciones de la parte 1 con las de la parte 2.
2. Observa similitudes y diferencias.
3. Anota cualquier cambio en cómo describiste lo que oliste. ¿Ayudó en algo la limpieza?

Limpieza del sentido visual

Parte 1: Calentamiento

1. Elige una carta.
2. Obsérvala durante dos minutos. Usa temporizador si quieres.
3. Cierra los ojos y visualiza la imagen de la carta en tu mente durante un minuto.
4. Abre los ojos y escribe en tu diario la imagen mental que formaste.
5. Compara lo que escribiste con la imagen real de la carta.

Haz un descanso de cinco a diez minutos antes de la parte 2.

Parte 2: Incrementando la intensidad

Intenta no hacer pausas en esta sección.

1. Elige cuatro cartas. Mantenlas cerradas o boca abajo.
2. Desvela una carta. Obsérvala durante dos minutos.

3. Cierra los ojos y visualízala durante un minuto.
4. Abre los ojos y escribe en tu diario tu imagen mental.
5. Repite los pasos 2 a 4 para las tres cartas restantes.
6. Coloca las cuatro cartas frente a ti. Obsérvalas.
7. Compara lo que ves con tus anotaciones previas de las visualizaciones mentales.

Haz un descanso entre la parte 2 y la parte 3 (puede ser una hora o incluso un día).

Parte 3: Usando una hoja en blanco como limpiador visual

1. Toma las mismas cuatro cartas de la parte 2. Mantenlas cerradas.
2. Abre una carta. Obsérvala durante dos minutos.
3. Cierra los ojos y visualízala durante un minuto.
4. Abre los ojos y escribe en tu diario la imagen mental.
5. Mira la hoja en blanco durante un minuto.
6. Cierra los ojos y visualiza la hoja en blanco durante un minuto.
7. Repite los pasos 2 a 6 para las tres cartas restantes.
8. Coloca las cuatro cartas frente a ti y obsérvalas.
9. Compara lo que ves con tus observaciones previas de las imágenes mentales.

Parte 4: Reflexión

1. Compara tus anotaciones de la parte 2 con las de la parte 3.
2. Observa similitudes y diferencias.
3. Anota cualquier cambio en tus descripciones. ¿Ayudó en algo la limpieza?
4. En un día distinto, repite la parte 3 de la limpieza visual, pero, en lugar de usar una hoja en blanco, utiliza ruido blanco en la televisión o una pantalla en blanco.
5. Compara tus notas y reflexiona.

Reflexiona: ¿Cuánto influyen tus pensamientos e imaginación en lo que ves?

MUNDO DENTRO DE MUNDOS

Vivimos en un mundo, pero en realidad habitamos múltiples mundos perceptivos definidos por otras criaturas e individuos con quienes compartimos espacio. Este concepto se llama *umwelt* o mundos circundantes. Mi experiencia del entorno depende por completo de mis órganos sensoriales. La manera en que percibo el mundo, cómo lo veo, huelo, saboreo y escucho, es muy diferente a la de una hormiga, que puede ver radiación infrarroja, o a la de una abeja, que distingue intensos matices de luz ultravioleta y luz polarizada. Cuando miras hacia afuera y ves flores, puedes notar el verde del césped, el azul del cielo, y los rojos, rosas y amarillos. Para una abeja, esa misma escena se transforma: ve planos contrastados de luces y sombras, intensas variaciones dentro de los pétalos y distancias medidas a través de movimientos de danza. Para un perro, la escena se llena de rastros olfativos, una historia rica de los animales que pasaron por allí en los últimos tres días.

Pero estas diferencias perceptivas no se dan sólo entre especies. Los científicos están descubriendo que la educación cultural y las experiencias de la infancia también influyen en lo que los humanos notan y observan.[2] Todo lo que has olido, probado e interpretado antes se vierte en un caldero del que obtienes la receta para notar cosas, encontrar significados y hacer asociaciones. Por ejemplo, cada vez que describo el tres de bastos, me detengo en los barcos, el océano y los rayos de sol. Tal vez tú notaste, en cambio, los pliegues del manto de la figura, el movimiento de su cabello, en qué bastón se apoya, o la faja bermellón que cruza su cuerpo. Todos notamos cosas distintas en las imágenes o los presagios y, luego, los interpretamos a nuestra manera, lo cual es algo que abordaremos en el próximo capítulo. Es tu mundo y tiene un significado propio para ti.

El arte de leer o interpretar patrones consiste en captar la mayor cantidad de información posible y despertar nuestra intuición. Una

---

2. Nisbett y Masuda, «Culture and Point of View», 11163-11170; Kitayama y Salvador, «Culture Embrained», 841-854.

manera de mejorar nuestra capacidad de «ver» todos los detalles es ejercitar nuestras habilidades de observación. Intenta superar los hábitos aprendidos y observar cosas nuevas en las cartas la próxima vez. Cuanto más lo practiques, mejor serás. Esto enriquecerá el conocimiento asociativo que vas construyendo con las cartas, sumándose a tu repertorio de metáforas y símbolos. Entonces, ¿se puede mejorar en la visualización? La respuesta parece ser que sí, puedes ejercitar estos circuitos cerebrales igual que ejercitas los músculos. Cuando aprendes a lanzar una pelota, lo repites una y otra vez para mejorar físicamente el rendimiento, eso se llama aprendizaje perceptivo. Del mismo modo, puedes «imaginar» tareas o eventos para mejorar el desempeño sin realizarlos realmente. Muchos atletas lo usan como parte de su fórmula ganadora. Visualizan una y otra vez cómo ejecutarán una jugada antes del partido. Algunos miran vídeos de sí mismos y de sus oponentes y se imaginan cómo moverán los pies, las manos y los músculos en diferentes situaciones. Incluso visualizan el momento de levantar el trofeo como parte del entrenamiento.

Estas tareas de visualización también se emplean en fisioterapia y son la base de todas las herramientas de visualización que usamos. Hay evidencia de que, cuando imaginas una manzana en tu ojo de la mente, literalmente «ves» una manzana en tu cabeza, algo desvaída en comparación con una real, pero se activan las mismas zonas cerebrales que las que se activan al ver una realmente.[3] Del mismo modo, si cierras los ojos y visualizas que alguien te apunta con una linterna, tus pupilas se contraerán: una respuesta fisiológica ante una situación imaginada. Ésta es la potencia de la imagen mental y la razón por la que debemos seguir ejercitándola. En la neurociencia reduccionista, la relación entre la estructura y la función son consideradas muy importantes. Pero la jerarquía es siempre la misma: la estructura determina la función. En el ayurveda y el yoga, en cambio, se pone mayor énfasis en la función que en la forma, es decir, al modo en que una funcionalidad modificada puede generar una

3. Pearson *et al.*, «Mental Imagery», 590-602.

nueva forma. Esto conduce a un enfoque médico más holístico, donde abordar los problemas del cuerpo comienza por el reconocimiento de la función que se necesita y no por la reparación de una estructura. Mucha terapia en yoga implica pedirle a la mente que visualice cómo se moverá el cuerpo y usar eso como camino para recuperar la funcionalidad. Así que todos tenemos la capacidad de mejorar estas visualizaciones, lo cual da al ojo de la mente mayor claridad y propósito.

Ejercicio 3
CONCIENCIA VISUAL

Este ejercicio te ayudará a reconocer las etapas del proceso perceptivo. Te dará una idea de en qué momento comienzas a añadir nuevos significados a lo que te rodea a partir del recuerdo y el lenguaje.

Necesitarás: tu diario, un utensilio para escribir y una baraja de tarot.

Parte 1: Sólo describe

1. Elige una carta.
2. Obsérvala detenidamente.
3. En tu diario, describe lo que ves en la imagen sin añadir interpretaciones ni metáforas.
4. Escribe si te resultó fácil o difícil observar la imagen sin apresurarte a encontrarle un significado.

Parte 2: Profundizando en una carta

1. Elige otra carta.
2. Obsérvala con atención.
3. Escribe lo que ves. Incluye detalles sobre ubicación, movimiento, tiempo, profundidad, etcétera, que percibas en la imagen.

4. Mira de nuevo la carta. Anota qué detalles de la imagen te llevaron a usar los descriptores del paso 3. Por ejemplo: ¿Qué te hace decir que los barcos se están moviendo o que él está mirando hacia atrás? ¿Qué te lleva a identificar el género de la figura, etc.?

Parte 3: Conciencia situacional

1. Durante el día siguiente, lleva tu diario contigo.
2. Anota cada vez que te hagas consciente de un objeto a tu alrededor.
3. Registra cuándo reconoces o localizas algo.
4. Observa qué sentidos usaste para percibir los objetos en tu entorno.

Reflexiona: ¿Qué hace que incluso las imágenes bidimensionales evoquen historias en tu mente? ¿Por qué las cartas del tarot son tan evocadoras para ti? ¿Tienes una baraja favorita? Si es así, ¿por qué es tu favorita?

Ejercicio 4
VISUALIZACIÓN VÍVIDA

Cada persona tiene una capacidad distinta para evocar imágenes con el ojo de la mente. Algunas tienen memorias fotográficas y visualizaciones llenas de color y forma. Otras, simplemente, saben que están pensando en algo, pero no pueden representarlo con claridad en su mente. Algunas personas confían más en palabras, olores o sonidos que emergen al evocar algo. Puede que se te dé mejor «ver» rostros que paisajes o que notes más detalles que otras personas. El siguiente ejercicio, modificado a partir de Marks, te ayudará a reconocer qué notas y qué puedes visualizar en tu mente.[4]

4. Marks, «Visual Imagery Differences», 17-24.

No hay respuestas correctas o incorrectas a estos estímulos. Describe cada escena lo mejor que puedas. Si no ves nada en tu mente, o si sólo aparecen palabras, anótalo tal cual. Para cada consigna, dedica unos minutos a estar con los ojos cerrados y, luego, unos minutos a escribir.

Necesitarás: tu diario, un utensilio para escribir y una baraja de tarot.

Parte 1: Ver con el ojo de la mente

1. Cierra los ojos e imagina a un amigo o una persona cercana durante unos minutos.
2. Abre los ojos y escribe los detalles de la imagen en tu mente. Puedes describir el rostro, las expresiones, la postura corporal, la ropa, etc.
3. Elige una carta de tu baraja. Luego cierra los ojos y visualiza la carta con el ojo de la mente durante unos minutos.
4. Abre los ojos y escribe los detalles de la imagen mental. Puedes describir las figuras de la carta, sus expresiones, los colores, los movimientos. Describe el fondo y el primer plano.
5. Cierra los ojos e imagina un amanecer o un atardecer durante unos minutos.
6. Abre los ojos y escribe los detalles de esa imagen mental. Describe rayos de sol, nubes, elementos del paisaje, colores, etc.
7. Cierra los ojos y piensa en una escena de una película o serie que hayas visto recientemente.
8. Abre los ojos y escribe los detalles de esa imagen mental.

Parte 2: Reflexión

Con base en lo que acabas de escribir, reflexiona sobre tu forma de visualizar. Si lo deseas, puedes comparar tus notas con las de otras personas para ver similitudes o diferencias.

1. Las imágenes en mi mente fueron _____________ (vívidas/difusas/ni vívidas ni difusas).
2. En este ejercicio, describí más _____________ (personas/objetos).
3. Tendí a enfocarme más en el _____________ (primer plano/fondo).
4. Mis imágenes mentales fueron mayormente ___________ (a color/en blanco y negro/no lo sé).
5. Mis imágenes mentales consistieron principalmente en _____________ (imágenes/palabras/otras cosas).
6. Noté _____________ (mucho/poco/nada) movimiento.
7. Visualicé mejor a personas reales que a cartas del tarot. (Sí/No/Más o menos igual).

Ejercicio 5
REENTRENAMIENTO DE LA CONCIENCIA VISUAL

A veces nos quedamos atascados notando sólo ciertos aspectos de una imagen o una carta. Tendemos, entonces, a ignorar otros detalles, lo cual puede generar sesgos. Este ejercicio te ayudará a reentrenar tu cerebro para soltar algunas de esas observaciones cristalizadas.

Necesitarás: tu diario, un utensilio para escribir y una baraja de tarot.

Parte 1: La intención de observar

1. Elige entre tres y cinco cartas de tarot el primer día.
2. Mira una de las cartas durante un minuto.
3. Escribe cinco cosas que notes en la imagen.
4. Repite los pasos 2 y 3 con todas las cartas que elegiste.
5. Al día siguiente, vuelve a mirar las mismas cartas del paso 1.
6. Escribe una cosa nueva que notes en cada una de las cartas.

Parte 2: Rastreando tu mirada

1. Elige una carta.
2. Escribe qué parte de la imagen atrajo primero tu mirada.
3. Al día siguiente, examina la misma carta.
4. Deliberadamente, dirige tu atención a una parte diferente de la imagen.
5. Escribe tus observaciones y reflexiona sobre estas preguntas: ¿Hubo alguna razón por la que tu mirada se dirigió hacia ciertos patrones el primer día? ¿Fue difícil o fácil mirar deliberadamente otras partes de la imagen? ¿La imagen te pareció distinta entre el primer y el segundo día?

Reflexiona: Antes de una lectura, usa los ejercicios anteriores con una sola carta. Escribe algo nuevo que observes. Mira de forma deliberada una parte de la imagen distinta al punto focal inicial. Observa cómo eso modifica tu percepción de la carta.

EL CEREBRO NO ES UNA COMPUTADORA

A pesar de todas las comparaciones y metáforas que usamos en la vida cotidiana, nuestro cerebro no es una computadora. Y cada vez más científicos descubren que tampoco somos iguales en nuestras observaciones ni en lo que atrae nuestra mirada. Dependiendo de cómo fuiste educado y con qué patrones, preguntas y símbolos creciste, tus habilidades de observación, así como las partes del cerebro que utilizas para procesarlas, pueden ser completamente distintas. Por ejemplo, al contar números, las personas asiáticas activan zonas del cerebro relacionadas con el movimiento, mientras que las personas del mundo occidental usan las áreas verbales del cerebro. Esto se debe a la forma en que se enseña matemáticas desde edades tempranas: con caracteres o ábacos en Asia (lo que implica mucho movimiento) y con tablas verbales en las sociedades occidentales.[5] Este

---

5. Tang *et al.*, «Arithmetic Processing in the Brain», 10775-107780.

tipo de diferencias también se reflejan en las observaciones visuales: ¿qué es lo primero que uno nota?

Tomemos como ejemplo tres cartas del tarot (el Mago, el caballero de bastos y el paje de oros). Incluso si no usas tarot, observa estas cartas (Imagen 2). Concéntrate simplemente en cómo crees que se relacionan. ¿Qué patrones notas entre las imágenes? ¿Qué tienen en común y cómo podrías agrupar dos de las cartas?

Imagen 2: Encontrando relaciones.
El Mago, el caballero de bastos y el paje de oros

Para mí, las dos primeras cartas (el Mago y el caballero de bastos) van juntas, ya que representan acción, movimiento y mediación, mientras que el paje va aparte. Pero alguien más podría decir que el Mago y el paje están ambos «anclados», que tienen los pies firmes en la tierra, mientras que el caballero está en el aire, con las piernas elevadas. Tal vez, tú notaste las colinas y los amplios paisajes en las dos últimas cartas y las agrupaste, viéndolas como representaciones del mundo ofreciendo sus recursos, en contraste con el enfoque interno o personalista del Mago. Quizá lo que más te llamó la atención fueron los colores de las cartas. La forma en que agrupas estas imágenes, cómo formas relaciones entre las cartas, depende de cómo tu cerebro procesa las imágenes. Lo que «observamos» varía enormemente según nuestro contexto cultural. Los científicos han detectado estas diferencias incluso en niños de seis años de distintos países.[6] No se trata de que haya observaciones buenas o malas, simplemente son distintas.

Esto es precisamente lo que lo hace interesante: tu perspectiva individual, tu ángulo y, por tanto, tu lectura adivinatoria son únicos. Y eso abre espacio para que todos tengamos un lugar en esta práctica.

Ejercicio 6

CREACIÓN DE ASOCIACIONES

Este ejercicio te ayudará a entender cómo formas asociaciones entre diferentes objetos o símbolos. Ser consciente de esto te permitirá comprender mejor cómo utilizas la simbología que tienes delante y notar cualquier elemento que puedas haber pasado por alto. Comparar tu proceso de asociación con el de tus amistades te permitirá distinguir tu manera de pensar de la de los demás, identificando así tu unicidad y posibles sesgos. Mientras realizas este ejercicio, ignora los significados tradicionales de las cartas. Simplemente observa las imágenes y sus detalles.

Necesitarás: tu baraja de tarot, tu diario, un utensilio para escribir y algunas amistades.

Parte 1: Encontrando conexiones

1. Baraja las cartas y extrae tres.
2. Intenta ignorar el significado tradicional de las cartas y sólo observa las imágenes. Si tuvieras que agrupar dos de las tres, ¿cómo lo harías?

---

6. Koster *et al.*, «Visual Attention in 5-Year-Olds».

3. Escribe en tu diario la razón de tu agrupamiento.
4. Envía a algunas amistades las mismas tres imágenes de cartas y pídeles que agrupen dos de ellas. Pídeles que también escriban la razón de su decisión.
5. Compara las respuestas: cómo agruparon las imágenes y por qué.

Parte 2: Detalles

Imagen 3: Tu imagen mental. Cinco de bastos

1. Observa la carta del cinco de bastos (Imagen 3) durante diez segundos.
2. Cierra los ojos e imagina la imagen en tu mente.
3. Sin volver a mirar la carta, abre los ojos y escribe todo lo que recuerdes haber visto en tu imagen mental.
4. Vuelve a mirar la carta real.
5. Compara lo que escribiste con la carta.
6. Anota qué cosas recordaste correctamente y cuáles pasaste por alto.
7. Señala cualquier detalle que hayas añadido en tu imagen mental, pero que no estuviera en la carta original.

Parte 3: Dibujar desde la memoria

1. Dibuja una escena urbana o escribe cinco palabras que describan una ciudad.
2. Dibuja un paisaje natural o escribe cinco palabras que describan un entorno de la naturaleza o un paisaje.
3. Pide a algunas amistades que realicen los pasos 1 y 2.
4. Compara las anotaciones. Escribe las similitudes y diferencias.
5. Pregúntales por qué eligieron ciertos detalles o palabras. Comparte también tu propio razonamiento.

Parte 4: Reflexión

Completa los siguientes enunciados según tus observaciones de las partes 1 a 3.

1. Encuentro relaciones entre imágenes usando __________.
2. Me enfoco en ________________________ detalles cuando imagino escenas en mi mente.
3. Omito ________________________ detalles cuando imagino escenas en mi mente.
4. Cuando miro una imagen y luego la veo en mi ojo mental, son iguales. (¡Verdadero!/¡Falso!/Cierto a medias).
5. Cuando imagino una imagen en mi mente, he añadido detalles que no estaban presentes. (¡Verdadero!/¡Falso!/A veces).

Reflexiona: ¿Cómo influyen tu memoria y tus asociaciones en tu proceso de adivinación?

LA CONEXIÓN KÁRMICA

Para muchas personas, el karma es el producto de vidas pasadas. Algunas dicen que se trata de todas las acciones positivas y negativas realizadas en existencias anteriores, acumuladas como créditos y méritos que influyen en esta vida. Ésta es una forma de hablar sobre el destino y los futuros predestinados. Otra forma de entender el karma es considerarlo como la suma de todos los acontecimientos en tu vida que te han traído hasta este punto, este momento en el que estás tomando una decisión, consultando una lectura o definiendo un rumbo. Tiene todo que ver con tu estado actual: tu naturaleza, cultura, crianza, emociones y acciones que te han conducido a este instante en el espacio y el tiempo. Esta noción de karma me resulta especialmente valiosa, ya que otorga más mediación y libertad de elección, permitiéndole a la persona ver los caminos que tiene frente a sí y ganar claridad sobre lo que sus decisiones pueden modificar.

Esto se refleja muy bien en lo que sucede durante una lectura adivinatoria. Ni la persona consultante ni quien lee están separados de su pasado, de sus emociones presentes o de su entorno. Todas sus experiencias, sesgos, deseos y temores son relevantes para cómo se interpreta el panorama. Aquello en lo que te detienes, las imágenes o palabras que emergen en tu mente, no son entidades estáticas congeladas en el tiempo, sino fluidas, dinámicas y cambiantes, igual que los propios circuitos del cerebro. Puede haber innumerables elementos que notes conscientemente, pero aún más innumerables son aquellos que registras sin darte cuenta y que el cerebro guarda para otro momento. El arte de convertirse en un mejor lector consiste en reflexionar sobre esos fragmentos inconscientes y ordenarlos con atención.

UN PASTEL DE VARIAS CAPAS DE METÁFORAS

Nuestra vida está llena de sonidos, olores, sabores e imágenes que nos permiten interactuar con el mundo y, al mismo tiempo, adentrarnos en historias y portales. No necesitas cartas ni cartas astrales para percibir patrones y temáticas en tu vida. Sin embargo, estos objetos funcionan como herramientas poderosas que pueden hacer brotar ideas desde el inconsciente y llevarlas a la conciencia, dándonos mayor claridad o simplemente haciéndonos conscientes de su existencia. La forma en que interpretamos estos signos o patrones que nos rodean está relacionada, como ya dijimos, con nuestros estados emocionales internos, nuestras experiencias y nuestra naturaleza. Esto se debe a que, cuando el cerebro recibe información, automáticamente la clasifica según significados anteriores y le añade una carga emocional, anotándola con sus propias palabras. Esto se llama asociación (Ilustración 2).

Una mesa puede ser una mesa de cocina, de trabajo o de comedor. Las imágenes que cada una de esas ideas evoca pueden ser muy distintas para cada persona. Según tu pasado, una mesa de cocina puede despertar ternura o angustia. Y si despierta ternura, dependiendo de tu estado de ánimo, ese afecto puede teñirse de nostalgia o de soledad. Podríamos superponer adjetivo tras adjetivo en función de múltiples escenarios.

Los símbolos y las metáforas abundan en el paisaje del tarot. De hecho, quien sintoniza la mirada verá que están esparcidos por todo nuestro entorno. Formas en las nubes o agrupaciones en azulejos, patrones en las telas o marcas en una tostada pueden convertirse en símbolos. Pero ¿de dónde surgen estas ideas? ¿Cómo atribuimos a las imágenes y palabras esas metáforas? ¿Cómo les añadimos una carga que transforma una imagen en algo más que una imagen, en algo dotado de sentido y de alegoría?

Comencemos con un ejemplo:

Imagen 4: Formación de metáforas

¿Qué ves cuando miras esta imagen (Imagen 4)? Una pregunta distinta podría ser: ¿Qué sientes al observarla?

Tómate unos minutos para contemplar la imagen. Escribe tus pensamientos en tu diario.

Para mí, es una mesa repleta de comida fresca; percibo que mucho amor y cuidado se han puesto en su preparación. La imagen también me llena de una sensación de anticipación, como si el momento que he estado esperando estuviera por suceder, pero aún debo contener la respiración y esperar.

Esta imagen no es una carta de tarot ni un oráculo, tampoco un gráfico astrológico y, sin embargo, está llena de metáforas que tu cerebro ha generado. No hay explicación en la imagen, ni palabras, ni señales explícitas y, aun así, somos capaces de completar los huecos que tiene. Así es como tu imaginación mental se conecta con otras áreas del cerebro para formar asociaciones e invocar nuevas imágenes. Para ello, dependemos de nuestros estados internos actuales (desde la corteza prefrontal) y de nuestros estados emocionales presentes (desde la amígdala), junto con la información visual captada por los centros visuales y las áreas de reconocimiento de objetos (Ilustración 2, en verde). Esto se complementa con recuerdos pasados y emociones vinculadas a objetos similares almacenados en el hipocampo y la amígdala (Ilustración 2, en rojo). Finalmente, todas estas capas se procesan y se integran en la corteza cingulada (Ilustración 2, en azul).

Usamos y somos moldeados por estas imágenes asociativas todos los días a través de la publicidad, etiquetas y películas. Estas asociaciones dan lugar a una película interna que el cerebro proyecta constantemente, a partir de ese pastel de varias capas que horneas dentro de tu sistema de asociaciones. Las imágenes que vemos se descomponen y sus elementos individuales –colores, contornos, patrones– se convierten en la harina, la sal y el bicarbonato que se hornean hasta formar una esponja en los centros visuales. Luego, esta esponja se rellena con sabores, esencias y significados añadidos desde los lóbulos temporal y parietal. Finalmente, se decora con frutas, cremas o coberturas que personalizan el pastel, añadiendo nuevos significados y emociones. Por último, cuando lo comes, lo integras todo: capas, sabores e intención, emprendiendo así un nuevo viaje sensorial.

Ejercicio 7
ASOCIACIONES

La mayoría de nuestras asociaciones están guiadas de forma sutil por recuerdos, palabras o situaciones actuales. Este ejercicio te ayudará a notar cuánto te influyen las palabras asociadas a una imagen.

Intenta avanzar paso a paso sin mirar lo que viene después. Puedes cubrir las siguientes instrucciones mientras trabajas en cada parte.

Necesitarás: tu diario, un utensilio para escribir y una baraja de tarot.

Parte 1: Volviendo a la mesa

1. Vuelve a observar la imagen de la mesa (Imagen 4).
2. Escribe la primera imagen o palabra que te venga a la mente al verla.
3. Ahora imagina que la imagen tiene el lema: «Completo».
4. Escribe tu observación de la imagen con esa etiqueta.
5. Ahora imagina que la misma imagen tiene el lema: «Solo».
6. Escribe tu observación de la imagen con esa etiqueta.
7. Compara tus observaciones de los pasos 2, 4 y 6. ¿Cambió tu percepción de la imagen según el texto asociado?

Parte 2: Más asociaciones

1. Observa la Imagen 5.
2. Escribe tu primera impresión sobre lo que representa.
3. Mira la imagen de nuevo, pero esta vez imagina que lleva la etiqueta: «Ataque».
4. Escribe lo que te hace sentir la imagen ahora.

5. Mira nuevamente la imagen, ahora con la etiqueta: «En peligro».
6. Escribe lo que te hace sentir.
7. Mira la imagen otra vez, ahora con la etiqueta: «Escondido».
8. Escribe lo que te hace sentir.
9. Compara todas tus reacciones a la imagen. ¿Las etiquetas alteraron tu percepción?

Imagen 5: Añadiendo etiquetas a las imágenes

Parte 3: Asociaciones con el tarot

1. Extrae algunas cartas de tu baraja. Anota en tu diario cuáles son.
2. Escribe cómo te hacen sentir esas cartas. También anota tu entorno y tu estado de ánimo actual.
3. Una semana después, vuelve a sacar esas mismas cartas.
4. Escribe cómo te hacen sentir esta vez. También toma nota del entorno y tu estado de ánimo.
5. Compara tus notas de los pasos 2 y 4.

6. ¿Fueron iguales o diferentes? ¿El contexto (entorno, ánimo, etc.) era el mismo o distinto?

Reflexiona: ¿Las etiquetas de las cartas o los nombres de los palos modifican tu visión de las cartas?

ÚLTIMAS REFLEXIONES

Espero que este capítulo te haya dado una idea más clara de cómo pasamos de mirar imágenes a crear conexiones significativas en el cerebro. La próxima vez que observes una carta del tarot o del oráculo o, incluso, cuando busques señales en el universo, haz una pausa para observar atentamente el objeto que estás percibiendo. Luego, detente a considerar qué detalles te saltan a la vista de inmediato, cuáles reconoces al instante y cuáles pasas por alto. Trata de ser consciente de los significados e imágenes que surgen de forma espontánea en tu mente. ¿Cambian cuando observas más detenidamente? Después, revisa tu estado mental y emocional para entender con qué asocias esa imagen. ¿Qué fue lo que te hizo pasar de la imagen a su contexto asociado? ¿Cómo te hace sentir eso? No te sugiero que hagas este proceso cada vez que leas una carta, pero revisar tu práctica de vez en cuando puede darte pistas sobre tus propios procesos de pensamiento y ayudarte a perfeccionar tus habilidades interpretativas.

Ahora que tenemos imágenes con sentido en nuestra mente, hablaremos en el próximo capítulo sobre cómo usamos esas señales para dar saltos intuitivos de fe y cómo podemos reflexionar sobre ellos para adquirir comprensión y entender de dónde vienen nuestras corazonadas.

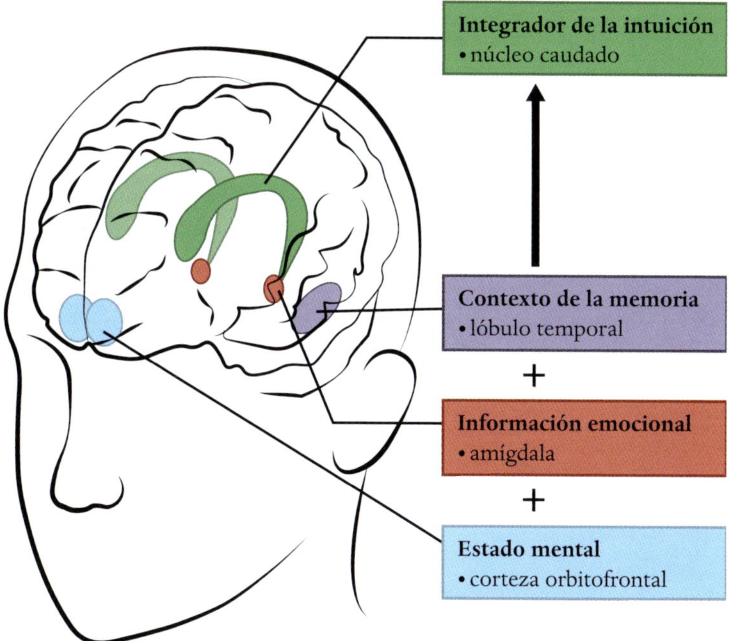

Ilustración 4: Anatomía de la intuición y de la percepción (*insight*)

El integrador de la intuición (el núcleo caudado, en verde) reúne la información que llega desde los sentidos (en amarillo), lo que nos ayuda a reconocer y categorizar objetos, junto con nuestros estados internos desde la corteza orbitofrontal (en azul). A este integrador se le añade el contexto de la memoria (lóbulo temporal, en púrpura), así como el procesamiento emocional proveniente de la amígdala (en rojo). Éste es el complejo procesamiento en una persona intuitiva experta. Los principiantes sólo utilizan la memoria (púrpura), por ejemplo, de lo leído en un libro, y sus estados mentales actuales (azul).

CAPÍTULO 2

EXPLORANDO LA INTUICIÓN

Decisiones, decisiones, decisiones. Confiamos en la toma de decisiones intuitiva en el trabajo, en la vida cotidiana y, especialmente, en situaciones de emergencia. Nuestra vida está llena de elecciones y en muchas ocasiones las tomamos con información sesgada o incompleta, pero con la sensación de que esa decisión es la mejor opción. De hecho, si esperáramos a reunir todos los datos, probablemente viviríamos en un estado de parálisis constante, sin tomar decisión alguna. Muchos consultantes, ya sea con lectores de tarot o astrólogos, llegan justamente en ese estado de estancamiento, esperando obtener claridad sobre los posibles caminos y resultados. Es una forma de acceder a sus instintos intuitivos inconscientes.

Hace algunos años, me sentía estancado en un laboratorio de investigación. Todo marchaba bien, pero yo sentía que no avanzaba. En un arrebato, contacté a alguien con quien no tenía ninguna conexión previa para ver si podía colaborar. Esta persona no me conocía y su trabajo no tenía relación con el mío. Pero envié un correo en un momento espontáneo y, aunque no acabé trabajando con esa persona, me presentó a alguien que hoy es todavía un buen amigo y que transformó mi vida. ¿Por qué contacté justo con esa persona? ¿Qué me llevó a dar ese paso? Alguna intuición me impulsó, en ese momento específico de mi vida, a hacer ese movimiento que llevó a grandes cambios.

Otra manera en que he confiado en conexiones intuitivas a lo largo de los años es a través de las citas rápidas, el llamado *speed dating*. Gracias a ello, he conocido amigos de por vida, a algunas parejas e incluso a mi pareja actual. En muchos casos, la conexión se forma en cuestión de minutos, incluso segundos, guiada completamente por la intuición. Somos como caballos con anteojeras, guiados por los instintos viscerales y sentidos ocultos ante bifurcaciones en el camino. Tomar decisiones basadas en información inconsciente es precisamente lo que entendemos como intuición. Es ese momento en que el cerebro consciente está vendado y tú eliges. Y después alguien te pregunta: «¿Por qué escogiste la opción A?» y no sabes explicarlo, pero algo en ti decía en ese momento que ése era el camino. Sin estos saltos intuitivos, quedaríamos atrapados en un laberinto de análisis, esperando una salida racional. La intuición es ese hilo –o muchas veces una cuerda, una escalera o un palo de salto– que puede sacarnos del laberinto.

Desde una perspectiva evolutiva, esta capacidad era necesaria para tomar decisiones instantáneas que aseguraran la supervivencia y aún hoy seguimos dependiendo de ese circuito para navegar por la vida. La intuición se aprende con el tiempo, desde la infancia. Incluso de niños, comenzamos a procesar señales no verbales, como los parpadeos, el tono de voz, las posturas del cuerpo y los gestos para intuir el estado mental y las disposiciones de quienes nos rodean. Estas lecciones se arrastran hacia la adultez. No siempre podemos explicar cómo hemos llegado a una inferencia. En algunos casos, esas decisiones intuitivas son acertadas. Con el tiempo, aprendemos qué decisiones fueron correctas y cuáles no y con eso desarrollamos nuestra intuición hasta poder afirmar: «Lo sé porque lo sé». Aunque tu intuición no siempre acierte, suele ayudarte a sentir que tomaste una decisión y eso ya genera alivio.[1]

El núcleo de la intuición se encuentra en lo profundo del cerebro (Ilustración 4). Hasta este punto, ya hemos recogido toda la información sensorial del exterior, generado supuestos y vinculado

---

1. Zander-Schellenberg *et al.*, «It Was Intuitive», 1505-1513.

éstos con significados y asociaciones. Pero en el camino también captamos intangibles inconscientes como el lenguaje corporal, el tono de voz, el contacto visual, nuestros propios sesgos e, incluso, la temperatura del lugar o la energía del ambiente. El cerebro recibe todo esto, lo filtra, genera una conjetura intuitiva y resuelve el problema. Esta resolución nos produce una sensación positiva y la etiquetamos como un efecto positivo. Tal vez, más adelante te preguntes qué te llevó a elegir de una manera y no de otra, y es entonces cuando obtendrás una comprensión más profunda. Pero, en ese instante, es la intuición, basada en información fragmentaria, la que te guía.

Un ejemplo sencillo que puedo dar sobre la toma de decisiones intuitiva es cuando decidí renunciar a comprar un apartamento. Sobre el papel, era una oportunidad excelente: un piso de tres habitaciones en un barrio estupendo y a un precio muy razonable. Pero, al entrar, sentí algo que me llevó a decidir que no era para mí. Mi pareja y yo incluso hicimos una oferta, fue aceptada y aun así nos retiramos, todo por aquella intuición. Con el tiempo, el precio del apartamento ha subido, pero nunca me he arrepentido de haberme alejado. Recuerdo con claridad que, al entrar, tuve una sensación de hundimiento, como si la energía se me escapara. No sabría cómo describirlo exactamente. También sé que era una etapa de mi vida en la que estaba especialmente atento a esas señales.

Ejercicio 8
INTUICIÓN COTIDIANA

Este ejercicio te ayudará a concentrarte en cómo usas tu intuición en la vida cotidiana.

Necesitarás: tu diario y un utensilio para escribir.

1. En tu vida cotidiana, tomas decisiones o realizas acciones sin saber por qué. Escribe una lista de acciones o elecciones recientes que hayas hecho sin una razón consciente.
2. Reflexiona sobre por qué tomaste esas decisiones.
3. Durante la próxima semana, cada vez que tomes una decisión repentina sin una razón clara, anótala.
4. Más tarde, reflexiona sobre por qué crees que tomaste esa decisión y escribe razones plausibles.

Reflexiona: ¿Con qué frecuencia haces afirmaciones intuitivas en tus lecturas?

Ejercicio 9
TU INTUICIÓN CORPORAL

Gran parte de nuestra intuición se basa en respuestas físicas que, por lo general, pasan desapercibidas. Este ejercicio te ayudará a notar esas respuestas físicas durante el proceso de toma de decisiones intuitivas. Se trata de reconocer tus elecciones «aleatorias». ¿Usas alguna señal corporal para decidir? Algunas personas están muy en sintonía con esto, otras no tanto, pero es importante que lo descubras.

Necesitarás: tu diario, un utensilio para escribir y una baraja de tarot.

Parte 1: Tu cuerpo como varilla de radiestesia

1. Baraja las cartas y divídelas en tres montones.
2. Elige un montón. ¿Te sientes atraído por uno más que por los otros?
3. Escribe cómo reacciona tu cuerpo y qué sientes al inclinarte hacia el montón elegido (puedes notar alegría, tristeza, tensión en los hombros, presión en el pecho, etc.).
4. Repite el paso 1.
5. Elige nuevamente un montón. ¿Es el mismo que la vez anterior o diferente?
6. Escribe la razón por la que elegiste el mismo montón o uno distinto. ¿Fue simple azar o seguiste una señal corporal?

Parte 2: Ignorar tu elección

1. Baraja las cartas y divídelas en tres montones.
2. Elige un montón, pero esta vez ignora tu primera elección y elige otro.
3. Escribe cómo te sientes (podrías notar ligereza en el corazón, hundimiento en el estómago, respiración más fluida, etc.). ¿Sentiste resistencia o cambio en la respiración?

Reflexiona: ¿Escuchas a tu cuerpo durante una lectura? ¿De qué forma?

UNA LECTURA INTUITIVA

Hagamos una lectura. Recientemente he estado considerando un cambio de carrera, o al menos un cambio temporal. Saco unas cuantas cartas para obtener claridad.

Imagen 6: Una lectura intuitiva. Tres de copas, tres de bastos, sota de copas, cinco de copas, la Emperatriz y rey de bastos

El tres de copas, el tres de bastos y la sota de copas aparecen primero. Para obtener más claridad, saco tres cartas más: el cinco de copas, la Emperatriz y, finalmente, el rey de bastos. Las coloco en forma de pirámide, las cartas inferiores formando la base de la decisión, conduciendo al resultado apuntado en la parte superior (Imagen 6).

Basándome en mi experiencia previa con estas cartas, sus significados asociados y sus imágenes, tengo una sensación positiva respecto a este cambio de carrera. El tres de copas y el tres de bastos hablan de energías emocionales y creativas, pero también de un posible movimiento asociado al cambio. La sota de copas también apunta hacia un mensaje o una oportunidad proveniente del exterior. También siento una especie de temor con respecto al cinco de copas, al observar la pérdida de lo que ocurrió antes y, quizás, la quema de puentes. Pero la Emperatriz, con sus abundantes riquezas, señala una oportunidad fructífera y todo culmina en la energía creativa del rey de bastos.

Quizás, una de las razones por las que algunos dicen que no se deben hacer lecturas para uno mismo es la dificultad de superar nuestras propias inhibiciones internas para obtener claridad de pensamiento a través del proceso intuitivo. Pero adivinar para uno mismo, con el tiempo, puede proporcionar una buena calibración de tus estados emocionales, ayudar a aclarar cómo reaccionas ante contextos situacionales y revelar cómo interpretas los signos. Piensa en ello como un espejo divertido hacia tu cerebro. Esta lectura, o mi interpretación de las cartas, apunta hacia los aspectos positivos del cambio de carrera con el potencial de un duelo retrospectivo por una vida que se deja atrás. Esta lectura en particular no requirió que obtuviera conocimientos «desconocidos», ya que las imágenes parecen bastante claras, pero eso también puede ser un sesgo inherente mío, ya que estoy intentando mentalizarme para postularme a una oportunidad.

No obstante, tus ideas intuitivas sobre este mismo conjunto de cartas y mi consulta podrían ser diferentes. Quizás, para un principiante, al consultar los libros para encontrar los significados individuales, la interpretación de la sota de copas o el tres de bastos habría sido más pedagógica. Pruébalo.

Ejercicio 10
TU INTERPRETACIÓN

Este ejercicio te ayudará a descomponer una lectura basada en tus capacidades intuitivas. La intención es que empieces a ver patrones en tus propios saltos de fe y a qué responden. Cuanto más consciente seas de estos patrones, mejor entenderás los saltos intuitivos en tus lecturas.

Necesitarás: tu diario y un bolígrafo o lápiz.

Parte 1: Tu interpretación

1. Observa las cartas en la Imagen 6. Piensa en mi pregunta: ¿Qué piensas sobre la posibilidad de un cambio de carrera?
2. Escribe cómo interpretas tú las cartas.
3. ¿Importa el momento en que se hace esta pregunta o tu interpretación sería la misma sin importar cuándo se formule?
4. ¿Son suficientes las imágenes de las cartas, o el contexto también es importante?

Reflexiona: ¿Sueles hacer lecturas/adivinaciones para ti o para familiares cercanos? Reflexiona sobre las ventajas y desventajas de leer para ti mismo. Piensa en tus sesgos y puntos ciegos, pero también en el hecho de que, tal vez, tú seas quien mejor te conoces.

EL TAMIZ DE LA INFORMACIÓN

Entonces, ¿qué tipo de conocimiento estamos aplicando cuando usamos la intuición? Nuestros sentidos nos alimentan constantemente con una gran cantidad de información. Aunque nuestro cerebro procesa todo, no es necesario que seamos conscientes de cada fragmento de información recibido. De hecho, podría ser perjudicial y provocar una hiperestimulación si llegáramos a ser conscientes de cada pequeño detalle que procesa nuestro cerebro. La mente inconsciente reúne señales situacionales incompletas y condiciones emocionales internas, forma conexiones y nos conduce a respuestas intuitivas. Piensa en tu cerebro intuitivo como un tamiz. Cuando extraes conocimiento del mundo, recoges mineral con diamantes y oro, pero también mucha arena y tierra. El cerebro toma todo eso y lo agita en el tamiz de la intuición para filtrar toda la basura que no se necesita en ese momento. Finalmente, te queda una colección de minerales que usas para crear narrativas, patrones, significados y decisiones. No quiere decir que la paja y la tierra desechadas sean insignificantes, sino que simplemente no son necesarias ahora para tomar la decisión que tienes delante. También puedes imaginar que este tamiz cerebral tiene agujeros más grandes o más pequeños dependiendo de la situación y de cuánta información matizada necesites para resolver el rompecabezas en cuestión. Ahora imagina cómo sería no tener tamiz alguno, tener que cargar una batea llena de arcilla o arena e intentar tamizarla a mano para encontrar las piezas correctas del rompecabezas necesarias para tomar una decisión. ¡Podrías quedarte merodeando y buscando en el lodo por toda la eternidad! Ésta es la fuerza del cerebro intuitivo.

Imagina una línea dibujada de una sien a la otra, atravesando el cerebro. A lo largo de esa línea y detrás de los ojos se encuentra el asiento de la intuición: el núcleo caudado (Ilustración 4, en verde). Ya hemos hablado de cómo la información sensorial entrante es etiquetada con significados y memorias en diferentes partes del cerebro. Estos detalles sensoriales etiquetados se transmiten hacia la parte frontal del cerebro, donde también se localizan las sensaciones viscerales internas (Ilustración 4, en azul). Luego, todo esto se integra en el núcleo caudado para tomar decisiones intuitivas.[2]

2. Cheng y Tanaka, «Developing Intuition», 17492-17501.

Ejercicio 11
LA INTUICIÓN Y TU ENTORNO

¿Hasta qué punto tu intuición se ve influenciada por los estímulos del entorno? Este ejercicio te ayudará a sintonizar con tus estados internos y a reconocer qué factores influyen u oscurecen tus interpretaciones. Ser consciente de ese umbral en el que tus emociones sobrepasan todos los demás factores es importante, sobre todo si no quieres que tus propios sentimientos interfieran en la consulta que tienes delante.

Necesitarás: tu diario, un bolígrafo o lápiz y una baraja de cartas del tarot.

Parte 1: Interpretar el entorno

Intenta seguir los pasos uno por uno sin adelantarte. Si lo necesitas, cierra o cubre las preguntas siguientes mientras trabajas en cada paso.

1. Cierra los ojos y respira profundamente unas cuantas veces.
2. Visualiza una sensación de calma y serenidad. En este momento, piensa en una pregunta o un problema para el cual te gustaría encontrar una solución. Abre los ojos y escribe la pregunta.
3. Extrae una carta de tu baraja, pero no la mires aún.
4. Observa la Imagen 7 durante un minuto.
5. Desvela la carta que sacaste en el paso 3.
6. Escribe tu interpretación en relación con la pregunta que formulaste.
7. Guarda la carta.
8. Cierra los ojos y piensa nuevamente en la misma pregunta.
9. Abre los ojos y saca otra carta de tu baraja. Nuevamente, mantenla cerrada.
10. Observa la Imagen 8 durante un minuto.
11. Ahora abre la carta que sacaste en el paso 9.
12. Escribe tu interpretación de la carta en relación con la misma pregunta.

Imagen 7: Influencia externa I

Imagen 8: Influencia externa II

Parte 2: Reflexión

A partir de los pasos anteriores, responde las siguientes indicaciones en tu diario:

1. Compara tus interpretaciones de las cartas.
2. Reflexiona sobre si tus interpretaciones se vieron influidas por las imágenes externas.
3. Prueba el mismo ejercicio mirando primero la segunda imagen (Imagen 8), luego repite los pasos usando las mismas cartas del tarot. ¿Tus interpretaciones son diferentes?
4. ¿Qué aparece primero cuando interpretas? ¿Tu estado emocional interno o los significados y las metáforas de la carta?
5. Reflexiona sobre tu respuesta anterior.
6. ¿En qué momento decides que no estás en condiciones de hacer una lectura, al darte cuenta de que estás demasiado influenciado por factores externos?
7. Prueba este ejercicio en distintos momentos del día o en distintos días del mes. Toma notas y observa si emergen patrones. Las personas tienen distintos ciclos hormonales y biorritmos. Puede que seas muy sensible a tus ciclos internos, lo cual podría afectar a tus interpretaciones intuitivas.

Reflexiona: ¿Dónde haces tus lecturas? ¿Cómo influye el espacio en tus pensamientos?

RITMOS CORPORALES E INTUICIÓN

En tanto que animales, tenemos distintos ritmos que moldean nuestras vidas. Contamos con el ciclo día-noche por el Sol, el ciclo lunar mensual por la Luna y ciclos estacionales a medida que la Tierra gira en su órbita. Otras criaturas usan estas variaciones diurnas y estacionales para sincronizar sus hábitos y comportamientos, como la anidación, el apareamiento, la búsqueda de alimento o la hibernación.

En gran medida, nuestro moderno estilo de vida ha sofocado la conciencia de estos ciclos que experimentamos como animales humanos.

Tenemos biorritmos que cambian con el momento del día y que están sincronizados con el ciclo día-noche que vivimos. Cuando era más joven, crecí en una época sin teléfonos inteligentes ni servicios de retransmisión a tiempo real (*streaming*). No digo esto para situarme temporalmente, sino para dar contexto sobre el nivel de influencias externas que podrían oscurecer mi conciencia de los ritmos cuerpo-mente. Solía despertarme a las cuatro de la mañana, lleno de energía y con la mente despejada para hacer mis tareas y resolver problemas de matemáticas. También me encantaba enseñar los cursos de laboratorio a las 8 de la mañana, mientras muchos de mis estudiantes se quejaban de lo animado que me mostraba a esa hora. Con los cambios en el ritmo de vida, el llamado *doomscrolling,* las redes sociales y otras distracciones, esa alarma a las cuatro de la mañana ha quedado como algo del pasado. Pero, incluso ahora, cuando quiero concentrarme o llevar a cabo algo en concreto, me gusta despertarme al borde del amanecer para hacerlo. Algunos de vosotros os identificaréis con esto. Otros no sentiréis sino lo contrario. Tal vez tú rindas mejor a medianoche.

Estas diferencias en actividad, concentración y enfoque dependen de cuán despierto esté tu cuerpo y cuán receptivo esté al mundo. A esto se le llama estado de activación. Coloca una palma en la parte posterior del cuello, donde el cráneo se encuentra con las vértebras. Debajo se encuentra el locus cerúleo, que libera norepinefrina, una sustancia química que ayuda a controlar tus biorritmos diarios (Ilustración 1, elipse naranja). Hay cierta evidencia de que algunas personas experimentan un aumento en el pensamiento creativo/intuitivo por la noche y un procesamiento más analítico por la mañana. En muchas personas, la mente divaga –el pensamiento libre y errante– desde pronto por la mañana hasta el mediodía, luego disminuye y vuelve a aumentar al anochecer. Esta divagación se correlaciona con los niveles cambiantes de norepinefrina en el cuerpo.[3]

3. Smith *et al.,* «Mind-Wandering Rates Fluctuate».

Lleva un registro de tus ciclos diarios con un calendario por horas para observar cuándo recibes más intuiciones y cuándo obtienes más de tu introspección. ¿Puedes correlacionarlo con factores externos? ¿Y con las personas que ves con regularidad?

Ejercicio 12

IDENTIFICAR EL MEJOR MOMENTO PARA TI

Este ejercicio te ayudará a evaluar cuándo estás en tu mejor momento a nivel intuitivo. Si eres una persona madrugadora, quizá te convenga prestar atención a los momentos de divagación mental por la tarde como espacios de introspección. Si eres más nocturno, las horas de medianoche podrían ser las más fértiles para ese tipo de pensamiento.

Parte 1: Evaluar tu productividad

Reflexiona sobre tu rutina diaria y en qué momentos del día eres más o menos productivo. Piensa también en tu infancia: ¿cuándo rendías más y cuándo menos? Pregunta a tus colegas, amistades o familiares en qué momento del día consideran que estás en tu mejor momento creativo, físico y conversacional, y también en el peor. Con base en estas observaciones, responde las siguientes preguntas, adaptadas de Horne y Ostberg.[4]

1. Si no tuvieras ninguna restricción, ¿a qué hora te levantarías?
2. ¿A qué hora te acostarías si dependiera por completo de ti?
3. ¿En qué momento del día preferirías hacer ejercicio?
4. ¿En qué momento del día te sientes físicamente mejor?
5. ¿Cuándo sientes sueño o cansancio por necesidad de dormir?
6. Si tuvieras que hacer un examen, ¿a qué hora del día lo programarías?

---

4. Horne y Ostberg, «A Self-Assessment Questionnaire», 97-110.

7. Si fueras a organizar una sesión de lluvia de ideas (Brainstorming), ¿cuándo te gustaría que fuera?
8. Si te embarcaras en una actividad creativa, ¿cuándo la harías?
9. ¿En qué momento del día estás en tu «pico» de rendimiento?
10. ¿Eres una persona matutina o nocturna?
11. Si fueras a sentarte a escribir en tu diario, ¿qué hora del día elegirías?
12. Si fueras a trabajar en un *vision board*, ¿qué momento del día te parecería más adecuado?

Parte 2: Reflexión

Reflexiona sobre tus respuestas anteriores y completa las siguientes frases según tu experiencia con los distintos momentos del día o la noche. También puedes responder con un «sin preferencia» si así lo sientes. No hay respuestas correctas o incorrectas.

1. Normalmente estoy en mi mejor momento físico por la ____________.
2. Normalmente estoy en mi mejor momento creativo por la ____________.
3. Mi intuición está más afinada aproximadamente a las ____________.
4. Me gusta contemplar y reflexionar alrededor de las ______ ____________.
5. Mi mente analítica se despierta alrededor de las ________ ____________.
6. Mis mejores sesiones de adivinación para leer a alguien suelen ser por la ____________.
7. Mis ritmos biológicos diarios y mis ritmos creativos están sincronizados. (Sí/No)
8. Me gustaría estar más en sintonía con mis ritmos haciendo ____________. (Piensa en acciones concretas, como despertarte más temprano, agendar conversaciones de noche, etcétera).

RITMOS HORMONALES

Además de los biorritmos que compartimos todas las personas, las mujeres cisgénero pueden experimentar también los ciclos menstruales. ¿Tienen estos cambios hormonales efectos sobre la cognición y la intuición? La principal fuente de estas variaciones hormonales son los ovarios, que liberan estrógeno y progesterona en diferentes cantidades a lo largo del mes (Imagen 9). Algunos estudios sugieren que la capacidad de las mujeres cisgénero para reconocer el miedo alcanza su punto máximo cuando los niveles de estrógeno están más altos cada mes. También se sugiere que el aumento del estrógeno eleva los niveles de dopamina en el cuerpo estriado, lo que puede favorecer el desempeño en tareas secuenciales.

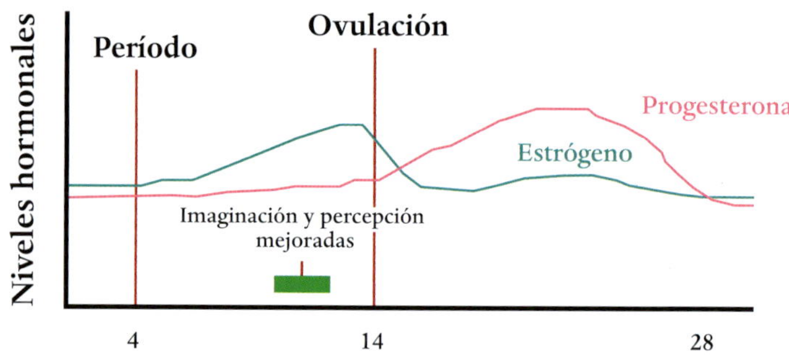

Imagen 9: El ciclo menstrual

En las mujeres cisgénero, hay una ventana temporal durante el ciclo menstrual en la que parecen incrementarse la imaginación, la percepción y la sensibilidad al miedo. Se cree que esto depende de la subida y bajada de diferentes hormonas a lo largo de los días del ciclo menstrual: el estrógeno (línea azul en la Imagen 9) y la progesterona (línea rosa), siendo el estrógeno el que predomina en la fase de mayor percepción (barra verde en la Imagen 9).

Parece haber evidencia considerable de que, justo antes de la ovulación, las mujeres cisgénero tienden a recordar detalles minuciosos incluso de eventos mundanos –por ejemplo, cuánto se pagó por un café con exactitud o la hora precisa de llegada a un lugar.[5] Este también es un momento del ciclo donde la imaginación, la percepción y las habilidades sociales parecen intensificarse. La fase posterior a la ovulación se reporta como más calmada, debido al aumento de la progesterona, en comparación con la anterior, donde hay menos progesterona y más estrógeno. Si menstrúas, puede ser interesante llevar un registro de tus ciclos y observar cuándo te sientes más perceptiva o receptiva a señales externas o no verbales.[6] Anota qué detalles notas en distintos momentos del mes y observa si emerge un patrón. ¿Tiendes a tomar decisiones más intuitivas en ciertos momentos del ciclo? Y al pensar retrospectivamente, ¿consideras que fueron buenas decisiones?

Cabe señalar que los estudios científicos tienden a dejar fuera a hombres y mujeres transexuales, así como a mujeres cisgénero después de la menopausia, especialmente en lo que respecta a habilidades cognitivas, aunque sí se les incluye en estudios sobre «discapacidades» como la demencia o el Alzheimer. Tampoco se investiga mucho sobre las habilidades intuitivas de los hombres cisgénero, debido al sesgo social que vincula la intuición con lo «femenino». La ciencia avanza muy lentamente en la superación del binarismo de género y en ser verdaderamente inclusiva en sus prácticas de investigación. Éstos son puntos ciegos de la comunidad científica, probablemente el resultado de que durante siglos el ámbito de la investigación estuvo dominado por hombres cisgénero. Es necesario romper con ese ciclo, reconocer la sabiduría de las personas mayores y desarrollar más estudios que aborden las capacidades cognitivas desde una perspectiva interseccional y diversa.

---

5. Maki, Rich y Rosenbaum, «Implicit Memory Varies across the Menstrual Cycle», 518-529.
6. Gorvett, «How the Menstrual Cycle Changes».

DIVAGACIÓN MENTAL

Muchos hablamos de irnos «por las ramas» o de quedarnos «embobados». Nos sumergimos en nuestros propios mundos de fantasía, construidos a partir de metáforas que hemos acumulado con el tiempo. Si eres astrólogo, quizás ves a Júpiter como un gigante amable o percibes nubes de guerra en torno a Marte. Si eres entusiasta del tarot, puedes tener historias sobre los niños en el seis de copas que te llevan a un recuerdo nostálgico. En tu vida profesional, tal vez has notado ciertos patrones que apuntan a tendencias o eventos que evocan escenas específicas. Estos casos de divagación mental no se limitan a las lecturas adivinatorias: en realidad, la mayoría de las personas experimenta esta forma de pensamiento como una estrategia natural para procesar la inmensidad de información que recibimos constantemente. Vemos cosas, creamos patrones e historias y permitimos que la mente divague para encontrar sentido.

La divagación mental parece ser especialmente útil cuando nos enfrentamos a problemas sin solución inmediata. En lugar de atacar directamente el problema, si permitimos que la mente divague mientras realizamos tareas mundanas, como lavar los platos o limpiar las cañerías, puede que de pronto aparezca la solución en nuestra cabeza. Las herramientas de adivinación, como las cartas del tarot o los gráficos astrológicos, ofrecen un enfoque distinto para encontrar esa solución… o para divagar hacia ella.[7] Imagina que estás bloqueado ante una decisión. Si le das vueltas una y otra vez, eso puede derivar en preocupación, ansiedad o incluso depresión. Pero si recurres a una herramienta como el tarot y permites que las imágenes guíen tus pensamientos, estarás participando en una forma de «divagación mental dirigida», en la que impondrás límites suaves al flujo de ideas. Esta divagación dirigida ha demostrado ser beneficiosa para la creatividad, la búsqueda de sentido y la defini-

7. Christoff *et al.*, «Mind-Wandering as a Scientific Concept», 957-959.

ción de metas futuras.[8] Es una forma consciente y enfocada de dejar vagar la mente, distinta del soñar sin dirección.

Aunque cierta cantidad de divagación mental no dirigida puede ser beneficiosa para el proceso intuitivo, también puede convertirse en una forma de desconectarse o perder la atención enfocada en la tarea presente. Se ha sugerido que la meditación de atención plena (*mindfulness*), como ejercicio, es útil para entrenar el cerebro para que evite la dispersión y mantenga el rumbo. Así que, si notas que durante una lectura o ejercicio de adivinación empiezas a irte por la tangente, puede ser útil practicar alguna forma de *mindfulness.* Un método simple sería enfocar tu atención de forma deliberada en un aspecto específico de las imágenes frente a ti para redirigirte dentro de los límites de la lectura, en lugar de perderte en asociaciones triviales. De hecho, la divagación mental, o simplemente el hecho de no hacer nada y permitir que los pensamientos emerjan, puede ser útil después de una lectura, para obtener claridad sobre lo que ha ocurrido. Tal vez la intuición te llevó a una respuesta, pero no sabes exactamente cómo llegaste a esa conclusión. Permitir que la mente divague puede ayudarte a comprender el proceso que te condujo hasta ahí.[9]

La parte del cerebro responsable de la divagación mental se conoce como «red neuronal por defecto» (RND) o *default mode network* (Ilustración 5).[10] Imagina que recorres tu frente desde el tercer ojo hasta la coronilla. Empieza allí y visualiza cómo te sumerges, dividiendo el cerebro en dos. Ahí se encuentra la corteza prefrontal medial (Ilustración 5, púrpura). Avanza hacia la corona de tu cabeza y adéntrate más para encontrar el cíngulo posterior (naranja). Desde la coronilla, desplázate en diagonal hacia la parte superior de las orejas; justo antes de salirte del cráneo, notarás las áreas parietales laterales (amarillo). Cuando pensamos en el futuro, en nosotros mismos o en otras personas, estas regiones del cerebro se activan, lo cual abarca buena parte de las sesiones de adivinación.

---

8. Smallwood y Schooler, «The Science of Mind-Wandering», 487-518.
9. Zanesco *et al.,* «Experience Sampling of the Degree».
10. Wan *et al.,* «Posterior Cingulate Cortex».

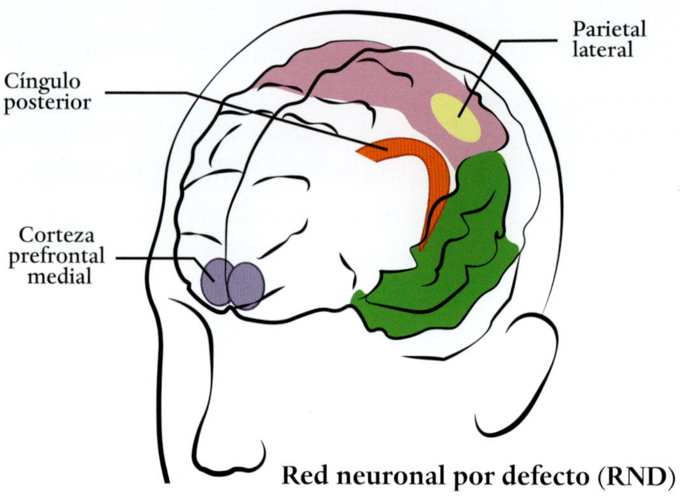

Ilustración 5: La red del yo, el futuro y la meditación

La red neuronal por defecto integra información de múltiples áreas del cerebro, algunas de las cuales ya se han mencionado: la corteza prefrontal medial, el cíngulo posterior y las áreas parietales laterales.

La adivinación, en esencia, consiste en formular preguntas sobre uno mismo, sobre otras personas o sobre el futuro. Muchas personas recurren a la adivinación en busca de propósito o de un significado para eventos que ya han ocurrido. Otras la utilizan para entrever posibles desenlaces o comprender las consecuencias de determinadas elecciones. También recurrimos a nuestra imaginación para romper con patrones repetitivos y encontrar nuevas perspectivas que nos ayuden a resolver conflictos. Se ha demostrado que la divagación mental favorece todos estos beneficios.

Orientación hacia metas futuras

Explorar pensamientos autogenerados con miras al futuro que estudian los obstáculos y los modos de superarlos es un uso efectivo tanto de la divagación mental como de la adivinación. Supongamos que quieres comprarte un coche, pero no sabes cómo ni cuándo vas a lograrlo. Pensar en ello constantemente te genera ansiedad. Para este caso hipotético, saqué dos cartas: el siete de oros y la reina de espadas (Imagen 10). Podrías interpretarlas como una invitación a confiar en que el esfuerzo dará fruto, sin frustrarse por no haber alcanzado aún el objetivo. La reina también alude a una acción enfocada y racional para lograr la meta. Así que, en lugar de desperdiciar energía mental preguntándote si lo conseguirás o no, podrías usar esa misma energía para dirigirte con claridad hacia ese sueño. Ésta sería una forma concreta de usar el tarot o la adivinación para redirigir la divagación mental hacia soluciones tangibles.

Imagen 10: Planificando el futuro.
Siete de oros y reina de espadas

Creatividad

Los nuevos pensamientos creativos emergen a menudo de la divagación mental, de forma muy similar a una experiencia creativa espontánea. Esta divagación permite saltar hacia ideas divergentes, encontrar usos inusuales para objetos o hallar soluciones trascendentes a los problemas. En cierto modo, es una forma de subvertir la realidad y descubrir caminos nuevos. Últimamente, me he sentido estancado en mi trabajo como profesor y me he visto tratando con dificultad de reavivar la pasión por algunas clases. Pedí a las cartas una forma de encender nuevas ideas. Saqué el cuatro de copas (Imagen 11). En lugar de lanzarme de inmediato a interpretarlo, observé la imagen con más atención, concentrándome en detalles que normalmente paso por alto. A primera vista, el cuatro de copas muestra una copa que aparece desde una nube, ofrecida a una persona que contempla otras tres copas en el suelo. Al observarla durante más tiempo, me emocioné. Mi enfoque habitual al enseñar neurociencia es partir desde lo más básico, sin cubrir temas como el sueño o la atención plena (*mindfulness*), ya que el campo es enorme. Esta carta sugiere que una forma de reavivar mi aula podría ser incorporar más de estos conceptos abstractos y efímeros y no sólo los enfoques reduccionistas. De hecho, es una perspectiva estimulante que creo que los estudiantes disfrutarán.

Imagen 11: Estimular la creatividad. Cuatro de copas

Significado

La divagación mental también permite añadir propósito y significado a nuestras experiencias y situarlas en un nuevo contexto. Esto repercute positivamente en el bienestar. Es una forma de construir una narrativa vital y de encontrar la historia detrás de nuestras elecciones y acciones. Como neurocientífico, a menudo me he preguntado: ¿Por qué estoy escribiendo este libro? ¿Cuál es el propósito detrás de que me haya adentrado en el tarot e incluso de investigarlo y escribir sobre ello? Saqué una carta para ayudarme a resolver ese conflicto interior y obtuve el rey de bastos (Imagen 12). Para mí, esto significa que debo mostrarme abiertamente, sin ocultar quién soy ni lo que deseo, que para alcanzar realmente mi potencial, debo abrazar y celebrar todo lo que soy. Y la adivinación es una gran parte de eso. Es, en realidad, una interpretación muy hermosa y me emociona profundamente. Mientras edito este manuscrito, me doy cuenta de que el Rey ya había aparecido antes, en una lectura sobre la carrera profesional (Imagen 6). Y el palo de bastos también parece ser un tema recurrente relacionado tanto con este libro como conmigo. Ahora mi mente se acelera buscando conexiones y correspondencias.

Imagen 12: Encontrar propósito. Rey de bastos

Descanso mental

Si te sientes atascado y no logras hacer esos saltos narrativos, tal vez sea momento de hacer un descanso y dejar que tu mente divague en algo no relacionado. Las imágenes de las cartas pueden ser muy útiles para permitirte saltar hacia historias aleatorias, sin conexión directa con el problema, y así brindarte un descanso mental.

DOMINAR TU INTUICIÓN

Usamos nuestras habilidades intuitivas constantemente. Para algunas personas, son la base de su profesión. Médicos, deportistas y jugadores mejoran sus habilidades y rapidez en las respuestas afinando su intuición. Al observar imágenes cerebrales de médicos novatos frente a médicos experimentados, se ve que los segundos muestran una activación e integración cerebral mucho más complejas al tomar decisiones.[11] Si llevas tiempo sin entrenar, probablemente dependas de un manual paso a paso para avanzar en los detalles, y te veas a ti mismo diciendo «1 + 1 = 2», en lugar de saltar directamente a la respuesta, integrando también otros datos sutiles.

Imagina un tenista profesional enfrentándose a un rival en un partido de alto nivel. Si dependiera de un análisis lógico –«si golpeo aquí, la pelota irá allá, y el otro puede hacer X, Y o Z»–, ese procesamiento consciente llevaría demasiado tiempo y el punto ya estaría perdido. De hecho, uno puede prácticamente ver a los jugadores novatos haciendo esos cálculos mentales y perdiendo porque se quedan paralizados o piensan demasiado. En cambio, un jugador veterano se basa en recuerdos previos, en la anticipación de dónde caerá la pelota y en lo que el oponente podría hacer. Por eso ven grabaciones de los partidos de sus rivales, para absorber tácticas, señales corporales y otros factores que podrán usar durante el juego. Esto les permite actuar de forma intuitiva y no lógica. Esta anticipación afinada es lo que distingue a los atletas expertos de quienes están empezando.

Médicos, anestesistas y otros profesionales de la salud pasan por situaciones similares: deben tomar decisiones en una fracción de segundo basadas en corazonadas. Tal vez, es el color de la sangre, un cierto olor o la sensación del tejido al cortar; todos estos elementos son procesados rápidamente por el subconsciente y les permiten tomar decisiones que salvan vidas. Sólo más tarde, al redactar sus

11. Hruska *et al.*, «Hemispheric Activation Differences», 921-933.

informes, reflexionan sobre qué señales los guiaron en esa decisión y esas reflexiones se integran luego en su intuición.

Las decisiones conscientes requieren más de ocho segundos, mientras que las intuitivas pueden surgir en menos de uno. El núcleo caudado, ya mencionado como integrador clave de la intuición (Ilustración 4), tiene un rol importante aquí. Al principio del entrenamiento, su participación es casi nula, pero al final se activa intensamente. Tal vez, por eso los astrólogos recomiendan los aprendizajes prolongados. Muchos lectores novatos de tarot dependen del librito que viene con la baraja, pero los más experimentados ya no lo necesitan. Piensa en cualquier actividad que implique tomar decisiones, como conducir, jugar un nuevo juego de mesa o criar a un hijo. Al inicio recurres a libros, consejos o la experiencia de otros, pero, a medida que te vuelves experto, el proceso se vuelve más intuitivo. Aprendes de los patrones, de cómo se desarrollan las situaciones y de las dinámicas con los demás. En efecto, si quieres volverte más intuitivo: practica, practica y practica.

Como adivinador principiante, probablemente estás usando asociaciones y significados almacenados en la memoria, tal vez, dependiendo del librito que acompaña a la baraja o de lo que te han enseñado previamente sobre el significado de una imagen o carta específica (estos recuerdos y asociaciones se alojan en el lóbulo temporal). También estás dependiendo mucho de tu estado mental actual (la corteza orbitofrontal), que tiñe la forma en que interpretas los significados transmitidos por el lóbulo temporal. En cambio, como experto, tu procesamiento es mucho más complejo. Entras en juego con el centro emocional (la amígdala), con un mayor reconocimiento de objetos y patrones (lóbulos temporal y parietal), con el calibrador interno (la corteza orbitofrontal) y con el integrador maestro (el núcleo caudado) (Ilustración 4). Esta última parte parece ser la clave para emitir juicios intuitivos complejos que ya no pueden provenir únicamente de un manual.[12]

12. Wan *et al.*, «Developing Intuition», 17492-17501.

Ejercicio 13
EXAMINAR TU MAESTRÍA

El siguiente ejercicio está diseñado para ayudarte a evaluar tu nivel de experiencia en la adivinación y contrastarlo con el proceso de enfrentarte a una herramienta nueva. El objetivo es que observes cómo varía la velocidad y profundidad de tus interpretaciones según estés usando una modalidad intuitiva y familiar o una completamente nueva. También podrás ver cuánto dependes de tu intuición refleja frente al conocimiento adquirido y al apoyo de recursos externos.

Necesitarás: tu herramienta de adivinación habitual (tarot, oráculo, etc.), una herramienta o recurso de adivinación con la que no estés familiarizado, tu diario y algo para escribir.

1. ¿Te consideras un adivinador experto o principiante?
2. ¿Hay alguna herramienta específica que uses para adivinar? Si no utilizas herramientas, anota en tu diario en qué aspecto de tu vida usas más la intuición (jugar videojuegos, conducir, en el trabajo, etc.).
3. Intenta aprender una herramienta nueva para adivinar. Si usas tarot, explora aspectos básicos de la quiromancia o lectura de cartas astrales. Si haces astrología, intenta usar un oráculo o investiga sobre la clarividencia auditiva (*clairaudition*).
4. Ahora piensa en una pregunta.
5. Intenta encontrar una respuesta o una aclaración a tu pregunta usando la herramienta de adivinación nueva, en la que eres principiante.
6. Observa cuánto tiempo te lleva llegar a una interpretación. Anota con qué frecuencia consultas libros u otros recursos para ayudarte a interpretar.
7. Ahora vuelve a tu sistema o herramienta preferida, con la que te sientas experto, y responde la misma pregunta.

8. Observa cuánto tiempo te toma esta vez llegar a una interpretación. Anota también cuántas veces, si acaso, necesitas consultar algún recurso.
9. Entre los dos sistemas (novato y experto), ¿qué interpretación te resulta más confiable?

Reflexiona: ¿Tus respuestas adivinatorias rápidas e inmediatas suelen ser mejores (o más acertadas) que aquellas que proceden de un proceso más pausado y reflexivo?

CÓMO SABEMOS LO QUE SABEMOS

La intuición es una cosa. Es una decisión espontánea, refleja, que te hace avanzar. Pero no viene acompañada necesariamente de autoconciencia o lógica. Entender qué hiciste o por qué tomaste cierta decisión suele llegar después, cuando reflexionas sobre el camino recorrido y te preguntas: «¿Por qué elegí eso?», «¿Por qué ocurrió eso?», o «¿Por qué hice realmente eso?». Muchas de mis percepciones más claras surgen en la ducha matutina. Es en ese momento cuando a veces tengo un diálogo interno conmigo mismo, articulo en mi mente los eventos, intentando que mi lado inconsciente le hable al lado consciente, y comprendo: «¡Ah! ¡Es por eso!». Algunas personas llaman a esta experiencia el generador del momento «¡Eureka!». Es como si alguien te golpeara suavemente en la cabeza por dentro y te dijera: «¡Eso es!». A diferencia de la intuición, que opera con poca información, en el caso de la percepción (*insight*), comienzas a unir los resultados de tus decisiones con aquello que te llevó hasta ahí. La venda que cubría el cerebro finalmente se cae y la luz ilumina las decisiones tomadas. Ese conocimiento se incorpora luego a tu repertorio intuitivo para la próxima vez, haya sido correcta o no la elección.

Este tipo de procesamiento reflexivo es importante, porque es la forma en que aprendemos. Así, cuando nos enfrentamos de nuevo a señales o estímulos similares, ya sabemos cómo responder. Es también un momento de reajuste. Aunque la corazonada inicial te haya dado una sensación de alivio o certeza en el momento, puede que esa decisión no haya sido la mejor. La fase reflexiva te permite reevaluar y hacerlo mejor la próxima vez.

INTUICIÓN + INCUBACIÓN = PERCEPCIÓN (*INSIGHT*)

Tomemos un ejemplo de una lectura. Yo hago la pregunta: «¿Terminaré este libro a tiempo?». He tenido muchos momentos de bloqueo y dudas sobre cómo seguir. Barajo las cartas rápidamente y saco el nueve de copas (Imagen 13). La imagen muestra a un hombre sentado debajo de nueve copas, sonriendo. Si has buscado el significado de esta carta antes, seguramente habrás visto expresiones como «conseguir lo que deseas» o «lograr tus metas». A primera vista, es una lectura positiva, y en ese momento me deja con una sensación de esperanza, de que todo saldrá bien. También podría ser una forma de consolarme y, tal vez, sin importar qué carta hubiera salido, la habría interpretado para calmar mis ansiedades y darme una sensación de alivio momentáneo.

Imagen 13: En busca de claridad. Nueve de copas

Como ejercicio, intenté interpretar una imagen aleatoria (Imagen 14) para evaluar la misma pregunta.

Imagen 14: Más clarificación. La rosa en el columpio

En este caso, no tengo asociaciones previas con la imagen ni ningún librito que me indique su significado. Así que esto es lo que interpreto: aunque el mundo se ve sombrío, hay una flor brillante que puede recogerse como una ofrenda. De nuevo, parece un mensaje muy positivo respecto al resultado del proyecto. Aunque me siento mentalmente estancado –y el columpio no se mueve–, hay una posibilidad de un desenlace hermoso.

Así que, ¿qué estoy viendo en la imagen? Éstas son mis notas: veo el contraste entre el blanco y negro y la flor rosa. Sé que me siento falto de ideas y eso es lo que asocio con el blanco y el negro. También noto que el columpio está quieto, lo cual reafirma la sensación de estancamiento con el proceso de escritura. Pero el objeto principal es la rosa. Me resulta interesante porque normalmente asocio las rosas con funerales, ya que en los funerales indios suelen usarse guirnaldas de rosas y no me agrada mucho su olor ni su simbología. Sin embargo, ése no fue mi primer pensamiento. En cambio, el color de la rosa, contrastado con el fondo en blanco y negro, se me presentó como un faro de esperanza, no como la dulzura empalagosa que suelo asociar con esta flor. Además, el rosa tenía algo de rubor inicial, distinto a las rosas rojas que suelo detestar. A pesar de que la imagen contiene simbología que normalmente no me gusta, en este contexto la aprecio y valoro la interpretación.

Todo esto está ocurriendo en mi cabeza –sin palabras ni asociaciones previas conscientes– y, sin embargo, es muy evocador. Usamos señales visuales, centros de memoria y asociaciones para crear significados y nuestro cerebro intuitivo hace saltos, a veces con ayuda de libritos o recursos externos, o simplemente desde nuestra experiencia. Esto ayuda a aliviar la «tensión» respecto al problema planteado. Ese efecto positivo intuitivo nos hace sentir bien en el momento. Todo esto ocurre de forma rápida y, casi siempre, inconsciente. Si alguien te preguntara por qué dijiste algo o tomaste cierta decisión, probablemente responderías algo como: «simplemente me pareció bien», «sabía que era lo correcto» o «fue la decisión adecuada».

Después lo rumias. Reflexionas por qué tomaste esa elección y con el tiempo se va filtrando. Al pensarlo más a fondo, puedes obtener una comprensión lógica de cómo llegaste a esa conclusión o, simplemente, experimentar una revelación inesperada, sin pasos intermedios. La divagación mental, como vimos antes, es una buena vía para este tipo de comprensión súbita. Lo mejor es que esa percepción ahora se suma al integrador de la intuición (el núcleo caudado) y te permite hacer uso de ella la próxima vez. Tendré que volver a visitar estas imágenes del nueve de copas y la rosa después de terminar el borrador de este libro para ver cómo las reinterpretaré y si mi intuición estaba en lo cierto.

Buena parte del procesamiento intuitivo ocurre de forma inconsciente. Pero este proceso no es aleatorio u arbitrario: tu experiencia y tu fluidez en el tema que estás abordando juegan también un papel importante. La decisión intuitiva te ofrece una sensación de facilidad, como si resolvieras de golpe el dilema en cuestión. A partir de ahí, entra en juego el procesamiento consciente de la introspección (*insight*). Empezamos a darle vueltas a por qué sí y por qué no y, finalmente, obtenemos una comprensión más profunda de la situación. A veces, esta percepción se salta pasos y se convierte en una revelación impactante –piensa en los grandes descubrimientos científicos o las ideas creativas brillantes.

Las regiones cerebrales involucradas en los sistemas reflexivos (asociados a la introspección) y en los sistemas reflejos o impulsivos (asociados a la intuición) son distintas. En el camino reflexivo intervienen de forma considerable los centros de memoria (hipocampo), el reconocimiento de objetos (lóbulo temporal), los centros de ubicación y espacio (lóbulo parietal), y los centros de toma de decisiones (corteza prefrontal). Esto tiene sentido, ya que al buscar comprensión reflexiva estamos rememorando eventos y tratando de darles sentido de forma lógica y secuencial. En cambio, los sistemas reflejos o impulsivos están vinculados a los centros emocionales (la amígdala), al integrador de la intuición (el núcleo caudado y el núcleo accumbens), y a partes específicas de la corteza frontal (Ilustración 6).

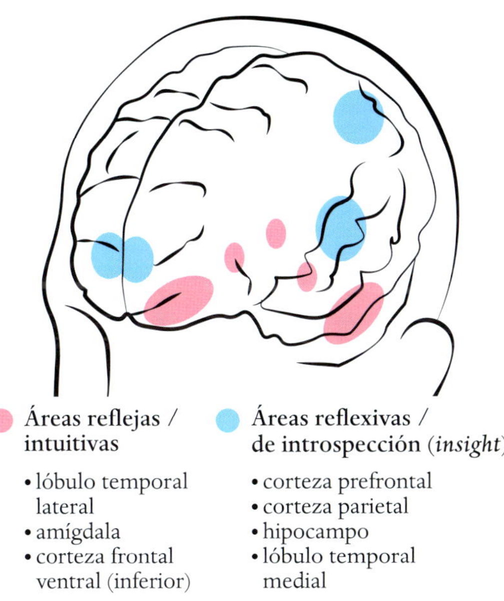

Ilustración 6: Vías reflejas y reflexivas

Las áreas involucradas en el procesamiento intuitivo inconsciente, que es reflejo (en rosa), son distintas de las vías de introspección, más reflexivas (en azul).

Ejercicio 14

USAR TU INTROSPECCIÓN

La introspección (*insight*) es el proceso de reflexionar sobre nuestras elecciones intuitivas. El siguiente ejercicio, adaptado de Handler, Campbell y Martin, te dará herramientas para recorrer ese camino introspectivo y así afinar y esclarecer tu intuición.[13] Volver a reflexionar sobre tus respuestas puede ayudarte a entender mejor qué influencias están presentes en tu proceso.

Necesitarás: tu diario, algo para escribir y uno o dos amigos.

1. En tu diario, dibuja una casa, un árbol y una persona (invierte entre dos y tres minutos).
2. Ahora observa tus dibujos. Piensa por qué los hiciste así. ¿Siempre dibujas estas cosas de esta manera?
3. Escribe tus observaciones.
4. Pídele a un amigo que realice los pasos 1 al 3.
5. Compartid sus dibujos y comparad cómo se ven.
6. Comparad vuestras notas para saber por qué cada uno dibujó sus imágenes de determinada forma.
7. Durante el próximo mes, al inicio de cada semana, dibuja una casa, una persona y un árbol, cada vez sin pensarlo demasiado. Luego reflexiona sobre los dibujos y lo que evocan en ti.

Reflexiona: ¿Reflexionar sobre tus respuestas intuitivas e instintivas ayuda o entorpece tu proceso?

13. Handler, Campbell y Martin, «Use of Graphic Techniques», 387-404.

Ejercicio 15

PROFUNDIZAR EN TU INTUICIÓN Y TU INTROSPECCIÓN

Este ejercicio entrena tanto tu intuición como tu capacidad introspectiva. Puedes adaptarlo utilizando objetos cotidianos para observar qué te transmiten. Es una forma de escucha activa.

Necesitarás: tu diario, algo para escribir y una baraja de tarot.

1. Elige una carta del tarot y observa la imagen durante cinco segundos. Vuelve la carta.
2. En tu diario, haz un garabato con lo primero que te vino a la mente al ver la carta. O escribe la primera palabra que te surgió. (Ésta es la parte intuitiva).
3. Ahora pregúntate por qué. ¿Qué en la imagen te llevó a responder de esa manera? ¿Hubo algo que notaste en la carta que disparó esa palabra o imagen? (Aquí exploras la introspección).
4. Vuelve a la carta del paso 1, ábrela y contempla su imagen durante cinco minutos. Luego, vuélvela de nuevo.
5. Una vez más, escribe o dibuja lo que venga a tu mente.
6. Observa lo que escribiste o dibujaste. ¿Es diferente de lo anterior? ¿Por qué sí o por qué no?

Reflexiona: ¿Con qué frecuencia cambias tu forma de pensar al reflexionar (durante o después de una lectura)? ¿Transforma la introspección tu intuición?

BUSCAR COMPRENSIÓN

A veces nos atascamos en una lectura. Aunque la tirada esté delante de nosotros, puede haber una falta de claridad persistente, una pieza que falta. En ocasiones, el mensaje llega más tarde, cuando no lo estamos buscando activamente. Esa comprensión no proviene del razonamiento analítico y consciente, sino de un proceso de resolución subconsciente que, poco a poco, aflora. ¿Dónde la podemos encontrar? Para Arquímedes fue la bañera, y a Newton le cayó literalmente del árbol. A mí suele sucederme en la ducha, y parece que hay toda una serie de estudios que investigan por qué tantas personas tienen ideas reveladoras en el baño. También es común que surjan mientras se lavan los platos o se hacen tareas mundanas que permiten que el cerebro desconecte el «modo consciente». El truco parece estar en dejar que la mente divague, pero sin perderse del todo. En las tradiciones budistas, la introspección a través de la intuición, en lugar del razonamiento, se llama *abhisamaya.* Son introspecciones profundas y «prelógicas» que, sin embargo, llegan a verdades. Se dice también que las lecciones aprendidas de este modo no se olvidan con facilidad, a diferencia de las que se adquieren paso a paso mediante razonamiento.

¿ATASCADO EN UN BUCLE?

Hay momentos, sin embargo, en los que esa comprensión parece inalcanzable. Dar vueltas obsesivamente a una pregunta –«¿Por qué hice eso?» o «¿Por qué dije tal cosa?»– puede hacer que la respuesta se aleje aún más. Entonces, ¿cómo domar a nuestro cerebro inquieto para que suelte lo que sabe? Aquí tienes algunas sugerencias para explorar tu mente y facilitar el acceso a la introspección, adaptadas de Sawhney y Khosla:[14]

14. Sawhney y Khosla, «Where to Look for Insight».

Buscar diferencias: Reflexiona sobre una decisión, comportamiento o situación que te resulte confuso. Piensa en una elección reciente cuya motivación no comprendas. ¿Acaso tú u otra persona os sorprendisteis por lo que hicisteis? ¿Tu reacción fue distinta a la de otras veces? ¿Qué cambió en esta ocasión? Busca las anomalías.

Cruces de vida: ¿Qué otras cosas estaban ocurriendo al mismo tiempo que esa decisión? ¿Tomaste otras decisiones aparentemente no relacionadas? Puede que haya un patrón que emerja de la intersección de narrativas en tu vida. A veces, pasamos por etapas en las que todo parece requerir revisión, mientras que en otros momentos todo fluye con más facilidad o resistencia. Reconocer esos ciclos puede ayudarte.

Creencias obstinadas: ¿Qué esperabas del problema o situación? ¿Estás aferrado a una forma rígida de pensar? ¿Sueles desear siempre el mismo resultado? ¿Estás pasando por alto que las cosas han cambiado? Cuestionarte esas creencias puede revelar bloqueos internos.

Insertar aleatoriedad: En lugar de seguir pensando directamente en el problema, intenta ignorarlo por completo. Haz algo totalmente distinto, piensa en algo aleatorio o cambia de lugar. En ocasiones, el contexto nuevo es suficiente para abrir la puerta a la comprensión. Esta parte del cerebro que es capaz de dar esta clase de saltos perceptivos y que van más allá del razonamiento lógico podría estar vinculado al pensamiento creativo.

Ejercicio 16
SALIR DEL ESTANCAMIENTO

A veces nos quedamos atascados en una lectura y no logramos entender su mensaje. Estos ejercicios pueden ayudarte a desprenderte de esas inercias habituales.

Este ejercicio tiene varias partes. Podría ayudarte hacer sólo la primera parte, tomarte un descanso y luego continuar con las demás más tarde.

Necesitarás: tu diario, algo para escribir y una baraja de tarot.

Parte 1: Anomalías

1. Elige una carta del tarot con la que estés familiarizado.
2. Busca algo inusual en la carta. ¿Tu mirada se dirigió a un lugar específico al que nunca habías prestado atención? ¿Acaso sentiste diferente la carta al sacarla de la baraja?
3. Reflexiona estas respuestas.
4. Anota tus observaciones en el diario.

Parte 2: Cruce de narrativas

1. Baraja el mazo y saca varias cartas.
2. En tu diario, escribe observaciones sobre los temas y las relaciones que percibas entre las cartas.

Parte 3: Creencias fijas

1. Elige una carta familiar del tarot.
2. Escribe en tu diario tu interpretación inmediata de esa carta. ¿Tu interpretación es siempre la misma?
3. Piensa en un escenario en el que esta carta podría significar algo completamente distinto. Escríbelo.

Parte 4: Contexto cambiado

1. Piensa en una pregunta.
2. Baraja y saca una carta.

3. Escribe tu interpretación de la carta y cómo responde a tu pregunta.
4. Vete a otro lugar o espacio, o cambia de pregunta.
5. Mira de nuevo la misma carta.
6. ¿El cambio de contexto modificó tu interpretación? Escribe tus observaciones.

Parte 5: Analogías

1. Piensa en una pregunta.
2. En lugar de usar cartas, elige tres objetos de tu entorno inmediato.
3. Escribe tus observaciones sobre estos objetos y cómo se relacionan entre sí.
4. Usa esas analogías para interpretar tu pregunta.

Reflexiona: ¿Cuál es tu estrategia habitual cuando te enfrentas a una lectura o decisión compleja?

ÚLTIMAS REFLEXIONES

Todos somos intuitivos: es la única forma en que podemos interactuar con el mundo que nos rodea. De lo contrario, quedaríamos paralizados, atrapados en la indecisión. Pero ¿cómo reconocemos las formas en que procesamos la intuición? ¿Cómo podemos mejorar en su uso?

A veces, la intuición puede llevarnos por caminos errados. Nuestro cerebro actúa como un tamiz de información que filtra una enorme cantidad de datos y luego toma decisiones en fracciones de segundo. El uso de la lógica o el análisis calculado puede no ser lo suficientemente rápido o claro en el momento como para tomar una decisión eficaz. El núcleo caudado funciona como integrador de distintos estímulos cerebrales, incluyendo tu estado mental presente, y te permite tomar decisiones intuitivas. En ese instante, la intuición permite avanzar sin que el cerebro se sobrecargue con el problema (lo que genera una sensación de facilidad cognitiva). Puede que no haya sido la decisión correcta en términos de resultado, pero era necesaria para seguir adelante.

En la adivinación, ya sea a través del tarot, la astrología o cualquier otro lenguaje simbólico, hacemos elecciones de este tipo. Aunque estas decisiones intuitivas son fundamentales, es igual de importante aprender de ellas y reflexionar sobre nuestros juicios. Así mejoramos nuestra práctica intuitiva, dejamos de depender únicamente del conocimiento de los libros y nos convertimos en verdaderos expertos en nuestras propias habilidades. La percepción (*insight*) puede ser transformadora. Puede surgir como un razonamiento lógico que explica por qué elegimos A en lugar de B, o puede irrumpir de repente, sin previo aviso. Espero que este capítulo te haya dado herramientas para afinar tu intuición, ayudarte a ser más consciente de lo que percibes y proponerte pasos hacia una comprensión más profunda. A continuación, hablaremos de cómo las emociones se superponen a lo que percibimos y cómo influyen en nuestras metáforas y decisiones intuitivas.

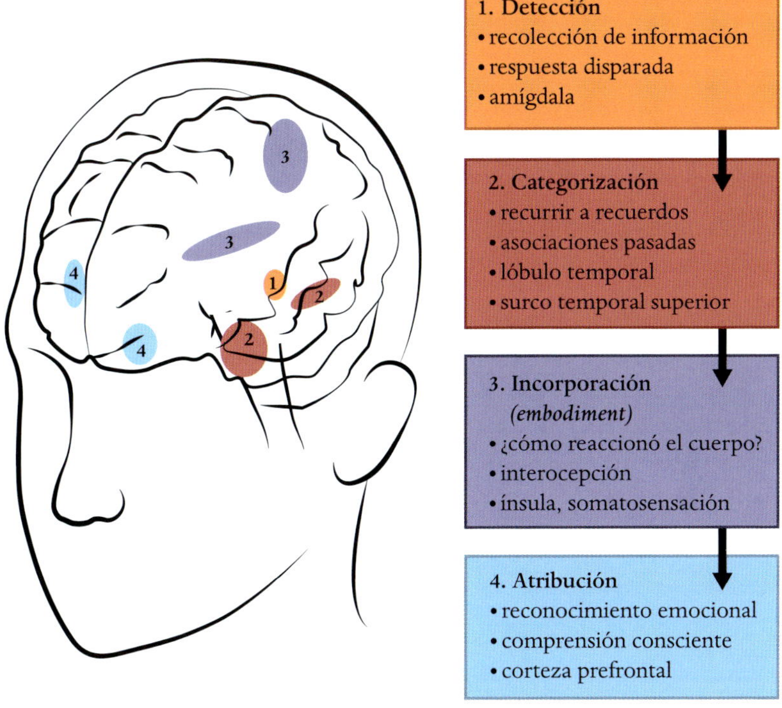

Ilustración 7: Anatomía de las emociones y la interocepción

El procesamiento emocional es complejo e involucra tanto al cerebro como al cuerpo. En el centro se encuentra la amígdala, principal detector emocional. Nuestro cuerpo reacciona ante las situaciones, esas respuestas quedan codificadas en la ínsula y se calibran en relación con emociones pasadas que ya hemos experimentado. Finalmente, añadimos etiquetas a través de la corteza cerebral y así logramos expresar nuestras emociones.[15]

15. Spunt y Adolphs, «The Neuroscience of Understanding», 44-48.

CAPÍTULO 3

EMOCIONES E INTEROCEPCIÓN

¿Por qué tenemos que hablar de emociones cuando hablamos de adivinación? ¿No son acaso los destellos intuitivos que usamos para formar narrativas simplemente el subconsciente conectando con alguna energía divina? Por el contrario, considero que el estado emocional del individuo influye enormemente en la interpretación de los signos y símbolos. Somos un ser completo, no sólo un cerebro, sino una entidad cerebro-cuerpo –algunos incluso se refieren a la conexión como una conexión corazón-cerebro o intestino-cerebro– que responde a las señales que percibimos del entorno externo. Además, muchas veces cuando una persona hace una pregunta sobre una elección o un evento en particular, el resultado está cargado emocionalmente. ¿Por qué no soy feliz? ¿Qué está causando esta ira? ¿Me sentiré realizado? Cada una de estas preguntas lleva consigo un matiz emocional.

METÁFORAS CORPORALES

¿Cuántas veces has mirado una imagen o un símbolo y has notado una sensación de hundimiento, has sentido un peso en los hombros o algo que hace que el estómago se te contraiga, o has soltado un suspiro de alivio? Cuando hablas con otros, ¿con qué frecuencia describes tu estado emocional usando metáforas corporales? Cuando miras a otros, ¿notas sus formas o posturas corporales y haces juicios sobre sus estados emocionales? Gran parte de nuestro procesamiento emocional ocurre en relación con nuestro ser físico.

Ejercicio 17

CONCIENCIA EMOCIONAL DEL CUERPO

Las siguientes preguntas te harán consciente de cuánto participa tu cuerpo en tus emociones. Las investigaciones han demostrado que la observación intencionada de los cambios corporales puede entrenarte para volverte más consciente de tus respuestas fisiológicas internas. Intenta responder las siguientes preguntas.

Necesitarás: tu diario, un utensilio para escribir y una baraja de cartas del tarot.

Parte 1: Lenguaje corporal

1. En tu diario, describe algunas formas en las que usas partes del cuerpo para describir emociones. Por ejemplo: «siento el corazón pesado» o «se me revuelve el estómago».
2. Observa lo que escribiste en el paso 1. ¿Realmente experimentas esos cambios en esas partes del cuerpo? ¿O son sólo expresiones que usas como figuras del lenguaje?
3. ¿Qué tan consciente eres de estos cambios corporales cuando sientes emociones específicas?
4. ¿Has tomado decisiones basadas en esas respuestas corporales?

Parte 2: El tarot del cuerpo

1. Baraja tu mazo y elige una carta. Obsérvala durante uno o dos minutos.

2. Nota cómo reacciona tu cuerpo ante ella. Escribe qué partes del cuerpo se relajan, se tensan, están calientes, frías, etc. Comenta sobre tu respiración, tu ritmo cardíaco y tu estómago.
3. Observa si sentiste alguna emoción al elegir la carta.
4. Repite este ejercicio con varias cartas.

Reflexiona: ¿Dónde están tus manos y tus pies durante una lectura? ¿Colocas tus manos sobre diferentes partes del cuerpo cuando tomas decisiones?

CODIFICANDO EMOCIONES

Extraigo al azar la carta de la Luna (Imagen 15) de mi baraja. Como comentamos anteriormente, las cartas del tarot son sólo imágenes bidimensionales que percibimos y a las que atribuimos ideas e historias, creando valencias emocionales con ellas. Tal vez, hayas hecho numerosas lecturas en las que la carta de la Luna ha presagiado algo asombroso. Quizá muchos de los eventos de tu vida se han asociado con detalles específicos del ciclo lunar. Éstos son algunos de los matices que acentúan la imagen que creas.

Imagen 15: Emocionar con el cuerpo. La Luna

Al mirar esta carta en este momento, por alguna razón siento que me he quedado sin aliento. Estoy conteniendo la respiración y toda la actividad parece estar ocurriendo en mi cabeza, algo que interpreto como «cerebral». Me hace sentir que deseo ciertas cosas o que tengo alguna esperanza, pero su manifestación física está restringida. Mientras sigo observando la carta, respiro profundamente y la suelto y noto cómo se deshacen los nudos en mi cuerpo. Si bien mi enfoque inicial estaba en la luna y en las criaturas que la observan, ahora mi atención se desplaza hacia el agua y la criatura parecida a una langosta que emerge de ella. Aún siento cierta tensión en distintas partes del cuerpo, pero las grandes restricciones parecen haberse disuelto.

Debo señalar que no es habitual que dedique tanto tiempo a notar partes individuales del cuerpo durante una lectura. Pero la intención detrás de estas observaciones abre toda una serie de preguntas y respuestas. Cuando interpreté esta carta como «sentirse esperanzado» y «mirar hacia adentro», ¿procesé conscientemente el hecho de que casi había desconectado de mi cuerpo y estaba sólo en mi cabeza, por así decirlo? ¿Podría interpretar la carta como «tomarse una pausa, un respiro, para ayudar a comprender la situación», lo cual reflejaría mi reacción inicial de quedarme sin aliento y luego respirar profundamente para soltar los nudos? El cuerpo, en este caso, actúa como el termómetro de lo que siento. Además, como comentario aparte: ¡qué apropiado que aparezca la Luna al introducir una sección sobre la emoción!

Imagina que ves algo que realmente amas. Sientes un rubor en el rostro, el corazón late más rápido, las pupilas se dilatan y puede que te chupes los labios. Entonces, ¿qué hace que tengas estas respuestas de todo el cuerpo? Tu respuesta holística a las situaciones, cuando múltiples áreas del cuerpo responden simultáneamente, se debe al hipotálamo y la hipófisis. Si metes un lápiz por el orificio de la nariz (¡no recomendado!), alcanzarás la hipófisis y luego el hipotálamo. Extraer el cerebro por la nariz era la forma en la que los egipcios lo sacaban durante el proceso de momificación, ya que pensaban que el cerebro no era importante ni en esta vida ni en la otra.

Estas estructuras desencadenan cascadas que son automáticas, es decir, no están bajo control consciente, por lo que ocurren de inmediato y de forma muy coordinada, permitiendo una respuesta orquestada en todos los órganos. Además, esto asegura que estímulos similares desencadenen respuestas similares: no puede ser que la ansiedad en un momento te haga hiperventilar y, en otro, te haga respirar con calma. De este modo, no hay desconexión entre la emoción y la respuesta corporal.

SENSACIÓN Y EMOCIÓN

Cuando decimos «esto me enoja» o «esto me entristece» o «estoy feliz», ¿qué queremos decir realmente? Pongamos un escenario. Imagina que entras en una sala y te piden que te sometas a un detector de mentiras. ¿Cómo te sentirías? Oyes las palabras y puedes ver la máquina de prueba sobre una mesa con una lámpara colgando sobre ella. Asimilas la información, y tus sistemas sensoriales la transmiten a la corteza, que da sentido a las palabras y al entorno al que acabas de entrar (Ilustración 8, paso 1). Desde allí, la corteza pasa la información al procesador emocional (la amígdala), que etiqueta ciertos elementos del escenario (paso 2). Tal vez la mayoría de las películas que has visto con este tipo de escena no terminaban bien, o quizá el término «detector de mentiras» tenga una asociación de miedo o recuerdo para ti. A partir de ahí, la información se envía a la puerta hormonal de las respuestas corporales integrales: el hipotálamo (paso 3).

Entonces, ¿cómo reaccionas ante esta situación? Puede que empieces a hiperventilar y sientas una presión creciente en la cabeza. Éstos serían síntomas de un aumento en la respiración y la presión arterial. El hipotálamo desencadena estas respuestas. La hormona noradrenalina se eleva para crear una tensión corporal generalizada. Además, tus ojos pueden abrirse más, captando más información a tu alrededor, lo cual es causado por una dilatación de las pupilas, una respuesta del sistema nervioso autónomo. También puedes expresarte a través del cuerpo. Tal vez haya un ceño fruncido en tu rostro o una caída de los hombros (paso 4).[1]

Finalmente, el sistema límbico envía toda esta información de vuelta a la corteza para analizar qué significa todo esto (paso 5). Claramente es una emoción negativa, quizás una mezcla de frustración y ansiedad. El cerebro, entonces, tiene que decidir qué hacer. Puede que decidas salir de la habitación, ya que quieres evitar enfrentar esa emoción negativa. Ése es el resultado conductual. Aunque este tipo de respuesta integral no siempre se desencadena durante una lectura, incluso, los cambios menores en nuestro sistema se interpretan como una emoción u otra. Estamos constantemente calibrando y recalibrando nuestro entorno para evaluar cómo nos sentimos.

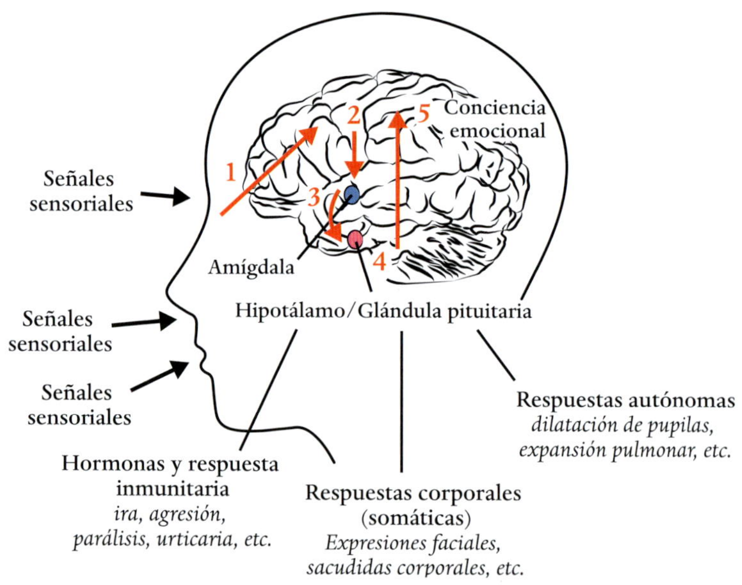

Ilustración 8: De la sensación a la emoción

1. Seth y Friston, «Active Interoceptive Inference».

Paso 1: La información que llega desde los sistemas sensoriales va primero a la corteza y se procesa allí.

Paso 2: Luego, se envía al procesador emocional (amígdala) y a otros centros que comparan la información con asociaciones previas y ofrecen un contexto (hipocampo/lóbulo temporal).

Paso 3: Después, se envía al hipotálamo.

Paso 4: El hipotálamo provoca una respuesta de todo el cuerpo activando el sistema nervioso autónomo (piensa en el ritmo cardíaco, la dilatación de las pupilas, la expansión pulmonar, etc.), una respuesta somática e inmune, así como una respuesta hormonal o endocrina (como la liberación de hormonas del estrés).

Paso 5: La información del procesador emocional (amígdala) se envía de regreso a la corteza para generar «conciencia» de la emoción.

INTEROCEPCIÓN

Volvamos a la carta de la Luna (Imagen 15). Además de que el ojo capta la imagen, también mencioné que me sentía sin aliento y «cerebral». Piensa en cómo te sentiste tú al ver la carta. Cualquier sensación interna que tuvieras no fue una ilusión. Hay sensores reales en los pulmones, el corazón y otros órganos que determinan cuánto se expanden o contraen. Cuando te sientes sin aliento, en la mayoría de los casos se produce una contracción real de los pequeños nódulos en los conductos respiratorios que están restringiendo el aire.

Así como confiamos en nuestros sentidos perceptivos (vista, olfato, gusto, tacto, oído) para obtener información del mundo externo, confiamos en nuestros sentidos internos, o interocepción, para entender lo que ocurre en el cuerpo. Ambos sentidos son importantes al responder a diferentes entornos y situaciones. La interocepción se refiere a la percepción de los cambios corporales y está vinculada al procesamiento emocional y la cognición. La conciencia interoceptiva surge de *inputs* o entradas de información sensorial que provienen del interior del cuerpo. Esto es distinto de las señales propioceptivas, que te dan información posicional, y de los sentidos comunes como el tacto, el olfato, el gusto, el oído y la vista. La información mecánica, química y de presión se envía desde estructuras internas, las cuales también reciben entradas de los nervios y la sangre.[2]

Cuando dices que tienes mariposas en el estómago o que sientes el pecho ligero, estas señales interoceptivas, o información de tus órganos internos, se envían al cerebro a través del nervio vago. Luego, las señales se procesan en la amígdala así como en la corteza del cíngulo. El centro principal de la representación interna del cuerpo en el cerebro se encuentra en lo profundo de éste y se considera muy importante para la conciencia humana; se llama la «ínsula». Incluso allí, mientras se procesan las señales, aún no tienen «nombre». Tu cerebro es capaz de integrar diferentes señales del cuerpo y unirlas, pero aún no han sido «codificadas» o etiquetadas. Eso ocurre finalmente cuando uno toma conciencia de una emoción específica, lo cual sucede en la corteza orbitofrontal. Es allí donde puedes decir «me siento feliz», «siento alegría» o algo similar. Además de esto, también respondemos con activación del estrés y de las hormonas (a través del hipotálamo) y con procesamiento emocional (a través de la amígdala).

Imagina que tienes miedo a los perros y el sonido de un ladrido te pone ansioso. Entras en una habitación y oyes un ladrido. Esto hace que tu cerebro perciba la posibilidad de que haya un perro. Dadas tus experiencias pasadas, tu cerebro envía información para aumentar el ritmo cardíaco y prepararte para paralizarte o huir. Tu respuesta puede ser diferente si ves al perro detrás de una jaula. Además, tu cerebro compara cómo reaccionas con cómo predijo que

2. Barrett y Simmons, «Interoceptive Predictions in the Brain».

reaccionarías y clasifica la amenaza según la información actual. Incluso si no hay perro, el cuerpo necesita un tiempo para retomar un estado neutral. La ínsula recibe información sobre el estado actual del cuerpo (frecuencia cardíaca, capacidad pulmonar, etc.), así como de lo que el cerebro predijo que sería con base en la información entrante. Compara ambas cosas y decide: de acuerdo, esto fue más o menos estresante de lo que se anticipaba.

INTEROCEPCIÓN EN LA LECTURA

Entonces, ¿cómo afecta esto a una lectura o al proceso de adivinación? A veces, cuando tenemos un nivel base de energía, éste puede hacernos sentir ansiosos, emocionados o tristes. Esto establece el tono de la lectura. Tienes un ritmo cardíaco base y luego la lectura lo altera. Tal vez, también asocies ciertas imágenes y señales con situaciones específicas; eso puede teñir la interpretación. La conciencia del estado corporal y los niveles de energía al comienzo de la lectura y, luego, los cambios que se producen al ver las cartas desplegadas se convierten en parte de tu respuesta emocional durante la lectura. Comprender estos cambios en tu cuerpo y cómo respondes a ellos puede ayudarte a volverte más intuitivo.

Las personas parecen tener diferentes niveles de sensibilidad a sus sensaciones interoceptivas.[3] ¿Qué pasaría si te preguntara cuán rápido está latiendo tu corazón ahora mismo? ¿Qué responderías? No todo el mundo puede decir con claridad cuán rápido late su corazón. Pero, si empiezas a notarlo intencionadamente y te entrenas, puedes llegar a ser bastante preciso al respecto. Usamos esta información también para darnos cuenta de cuánta aireación tienen nuestros pulmones (sensación de falta de aliento) o para monitorear la percepción del dolor. Esto quiere decir que podemos mejorar nuestra capacidad para notar estos aspectos internos de nosotros mismos y darnos cuenta de que ésta es una de las formas en que «percibimos» las emociones.

---

3. Garfinkel *et al.*, «Knowing Your Own Heart».

Ejercicio 18

DESARROLLAR LA CONCIENCIA INTEROCEPTIVA

Responder las siguientes preguntas te ayudará a aprender cuán sintonizado estás con tus sentidos internos. Ojalá este ejercicio te ayude a tomar conciencia de cuánto conoces tu propio cuerpo y, por ende, a reconocer las distintas emociones que surgen.[4]

Necesitarás: tu diario y un utensilio para escribir.

Parte 1: Evaluar

Responde estas preguntas lo mejor que puedas. Está bien decir que no estás seguro o que no sientes nada.

1. ¿Reconoces cuándo estás tenso?
2. ¿En qué parte del cuerpo sientes más la tensión?
3. Cuando entras en una situación incómoda, ¿cómo responde tu cuerpo?
4. En una situación incómoda, ¿qué partes del cuerpo se bloquean o se relajan?
5. Imagina que estás en la comodidad de tu hogar o en un entorno relajado. ¿Cómo responde tu cuerpo?
6. ¿Te distraes para evitar el malestar?
7. ¿Eres siempre consciente de tu respiración?
8. ¿Sabes cuándo tu respiración se acelera o se vuelve más lenta?
9. Aparte del esfuerzo físico, ¿cuándo has notado que tu respiración se ha visto afectada?
10. ¿Percibes normalmente el dolor?
11. ¿Sueles resistir el dolor o te retiras de inmediato?
12. ¿Cómo reacciona tu cuerpo cuando sientes dolor?
13. Cuando estás conversando con alguien, ¿notas cómo estás posicionado?

---

4. Mehling *et al.*, «The Multidimensional Assessment of Interoceptive Awareness».

14. ¿Puedes enfocar tu atención en el cuerpo con facilidad incluso mientras haces otras tareas?
15. ¿Cómo reacciona tu cuerpo cuando estás enojado?
16. ¿Cómo reacciona tu cuerpo cuando piensas que algo anda mal?
17. ¿En qué parte del cuerpo sientes que experimentas alegría?
18. ¿Cómo reacciona tu cuerpo cuando estás en calma?
19. ¿Confías en tu cuerpo?

Parte 2: Reflexión

Después de responder a las preguntas anteriores, reflexiona y completa las siguientes frases.

1. Soy más consciente de mi cuerpo cuando siento ________ (ira, alegría, etc.).
2. Mi conciencia corporal está principalmente relacionada con ________ (mi respiración, mis latidos, mis músculos, etc.).
3. La emoción ante la cual necesito volverme más consciente de mi cuerpo es ______ (ira, dolor, alegría, incomodidad, tristeza, etc.).
4. Durante la adivinación, suelo sentir _________ (ira, dolor, alegría, incomodidad, tristeza, etc.).

ÁREAS AFECTADAS EN EL PROCESAMIENTO EMOCIONAL

Si me limitara a observar sólo la actividad de tu cerebro en este momento, no podría decir qué estás sintiendo. Pensemos en nuestras emociones durante una lectura. Hacemos una tirada y observamos las imágenes. Estas imágenes, así como las metáforas que transmiten, desencadenan respuestas corporales. Éstas envían información sobre el tacto, la posición del cuerpo, el movimiento y los cambios químicos que afectan el núcleo del cuerpo (Ilustración 9, en naranja). Aunque sintamos algo en el cuerpo, eso no significa que entendamos lo que significa. Ese proceso de comprensión (conceptualización) ocurre en la corteza prefrontal (en rojo). Allí es donde se forma la narrativa de lo que sentimos y podemos pensar: «Ah, me siento así porque esto es lo que veo». Aun así, en este punto todavía, es sólo un concepto abstracto. Para articular esto y expresar cómo nos sentimos, usamos los centros verbales y de acción ejecutiva (en púrpura). Finalmente, también visualizamos lo que sentimos. Si verbalizo que me siento triste, también tengo una imagen mental de lo que eso significa (en azul).[5]

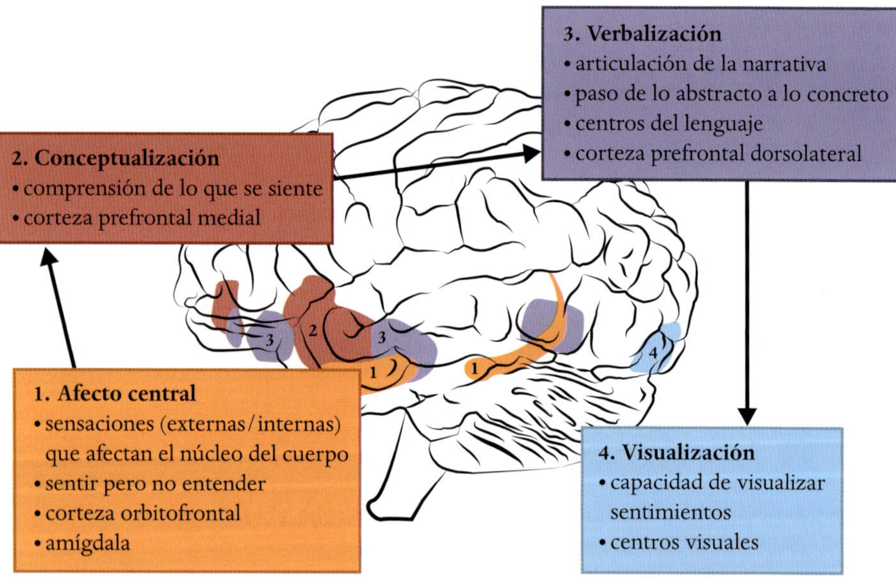

Ilustración 9: Guía paso a paso para reconocer una emoción

5. Barrett *et al.*, «The Experience of Emotion», 373-403; Lindquist *et al.*, «The Brain Basis of Emotion»,121-143; Kober *et al.*, «Functional Grouping and Cortical-Subcortical Interactions», 998-1031.

Ejercicio 19
¿CUERPO O MENTE?

Responder estas preguntas te dará una idea de si reaccionas primero con el cuerpo o con la mente, y en qué nivel colocas etiquetas a tus emociones. Esto te ayudará a reconocer cambios sutiles mientras haces una lectura.

Necesitarás: tu diario, un utensilio para escribir y una baraja de cartas del tarot.

Imagen 16: Explorando las emociones de las cartas. Nueve de espadas

1. Observa el nueve de espadas y escribe cómo te sientes.
2. Mientras miras la imagen, piensa en lo que surge primero. Documenta cualquier palabra/etiqueta que describa la imagen o las reacciones corporales que te provoca (como una sensación de tensión, un hundimiento en el corazón, etc.).
3. Coloca algunas cartas de tu mazo.
4. Para cada una de las cartas, observa tu ritmo cardíaco y tu respiración.
5. Escribe si tus sentidos de luz, sonido, olfato y tacto aumentan o disminuyen.
6. Escribe sobre tu instinto. ¿Está contraído o relajado? ¿Qué pasa con tus brazos, piernas y otras partes del cuerpo?

Reflexiona: ¿Qué parte del cuerpo usas más para la intuición? ¿El estómago, la respiración, el corazón, etc.?

LA RUEDA DE RESPUESTAS EMOCIONALES

Sentimos una variedad de emociones en diversas regiones del cerebro. La tristeza se siente en una parte profunda del cerebro, en la ínsula, el miedo se siente en la amígdala, y la felicidad se experimenta en partes de la corteza frontal.[6] La activación o desactivación de los circuitos cerebrales no equivale a la cualidad placentera o desagradable de una emoción. De hecho, algunas emociones positivas, como la paz y la calma, son causadas por una actividad cerebral reducida o desactivación. De manera similar, cuando te sientes enojado o tenso, es debido a una sobreactivación de ciertas áreas cerebrales. Algunas emociones activan áreas cerebrales, mientras que otras tienden a desactivarlas (Imagen 17). La ausencia de actividad neural no es una mala señal.

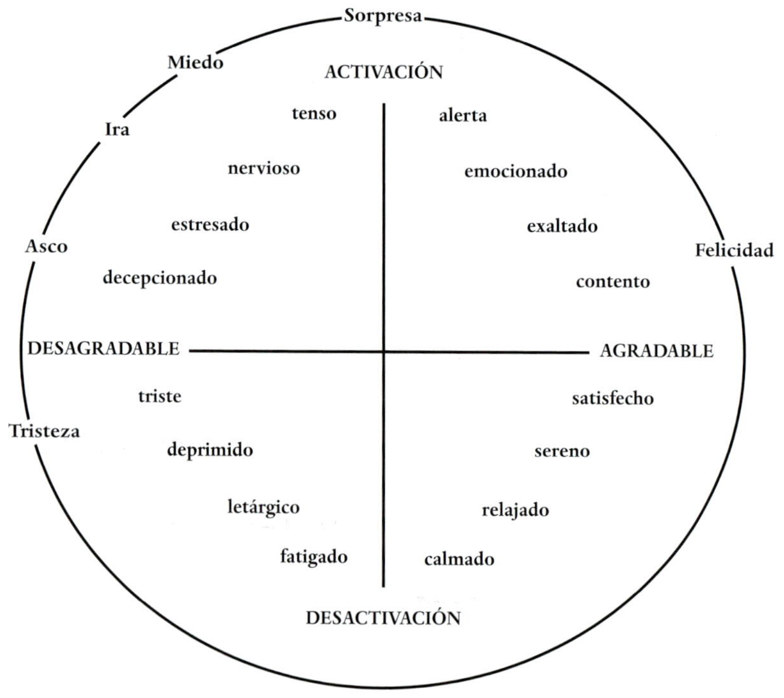

Imagen 17: La rueda de las emociones

6. Kragel y LaBar, «Decoding the Nature of Emotion in the Brain», 444-455.

Una cosa que podemos notar es que las cartas individuales y los símbolos en sí mismos no tienen emociones específicas asociadas. Nuestra atribución de valores como la felicidad o la tristeza a esas imágenes depende completamente de nuestros propios estados internos. Otros pueden sentir lo contrario, creyendo que la imagen de cada carta o símbolo específico (o sus asociaciones) evoca exactamente la misma emoción cada vez. Ambas ideas (y todo el espectro intermedio) son válidas. Nos sería útil, como intérpretes, ser conscientes de esta gama de interpretaciones emocionales. Del mismo modo, si consideras que ciertos planetas son maléficos o benéficos, es posible que hayas creado imágenes mentales distintas y las hayas asociado a cualidades emocionales específicas. Pero éstas son sólo ideas: puedes crearlas y también deshacerlas. La próxima vez, toma nota del contexto en el que un símbolo que normalmente asocias con una emoción, evoca una diferente. Un ejemplo para mí es la rosa, de la cual hablamos brevemente en el capítulo 2. Normalmente, la asocio con funerales y tristeza. El dulce aroma de las rosas es empalagoso y evoca una tristeza profunda. Pero el mismo símbolo, con su color cambiado a rosa o como única imagen en una fotografía en blanco y negro, evoca una sensación de esperanza.

Ejercicio 20
SÍMBOLOS Y LA RUEDA DE LAS EMOCIONES

Utiliza este ejercicio para descubrir si asocias ciertos símbolos en tus herramientas con ciertas emociones.

Necesitarás: tu diario, un utensilio de escritura y una baraja de tarot u otras herramientas interpretativas.

1. Usando la Imagen 17, extiende tus cartas del tarot (al menos los arcanos mayores) u otras herramientas interpretativas (por ejemplo, representaciones de los planetas o signos del zodíaco). Colócalas a lo largo de la rueda según cómo

te hagan sentir. Si no estás seguro de cómo te hace sentir una carta/objeto/símbolo determinado, déjalo a un lado y continúa.

2. Una vez que hayas terminado de colocar tus herramientas, toma una foto o anota en tu diario.
3. Repite este ejercicio cuando estés en un estado de ánimo diferente. Escribe si tu estado de ánimo afecta la posición de las herramientas en la rueda de las emociones.

Reflexiona: Considera usar esta rueda como una forma de preguntarle al consultante cómo se siente con respecto a un resultado, o pregúntale dónde colocaría las cartas.

ENTONCES, ¿DÓNDE SE ATRIBUYEN LAS EMOCIONES?

Las emociones se detectan primero en el sistema límbico, siendo la amígdala la que recibe información de distintos centros (Ilustración 7, paso 1). A partir de ahí, necesitamos reconocer lo que sentimos, por lo que recurrimos a nuestros recuerdos, experiencias pasadas y asociaciones previas para categorizar lo que sentimos como emoción A, emoción B o emoción C, y así sucesivamente. Esto ocurre en los centros de memoria del lóbulo temporal (paso 2). Luego, observamos cómo ha reaccionado el cuerpo ante la situación actual. ¿Es lo que esperábamos? ¿Anticipábamos miedo, pero en cambio sólo mostramos reacciones de asco? La ínsula contiene la información sobre las reacciones del cuerpo (paso 3). Finalmente, todo esto se envía de vuelta a la corteza prefrontal para decir: «me siento así por esto» (paso 4).[7]

---

7. Spunt y Adolphs, «The Neuroscience of Understanding», 44-48; Salzman y Fusi, «Emotion, Cognition, and Mental State Representation», 173-202.

¿DÓNDE SIENTES LAS EMOCIONES EN TU CUERPO?

Los estudios han demostrado que muchas personas sienten las emociones como activaciones y desactivaciones en regiones específicas del cuerpo.[8] Las sensaciones de depresión pueden hacerte sentir frío

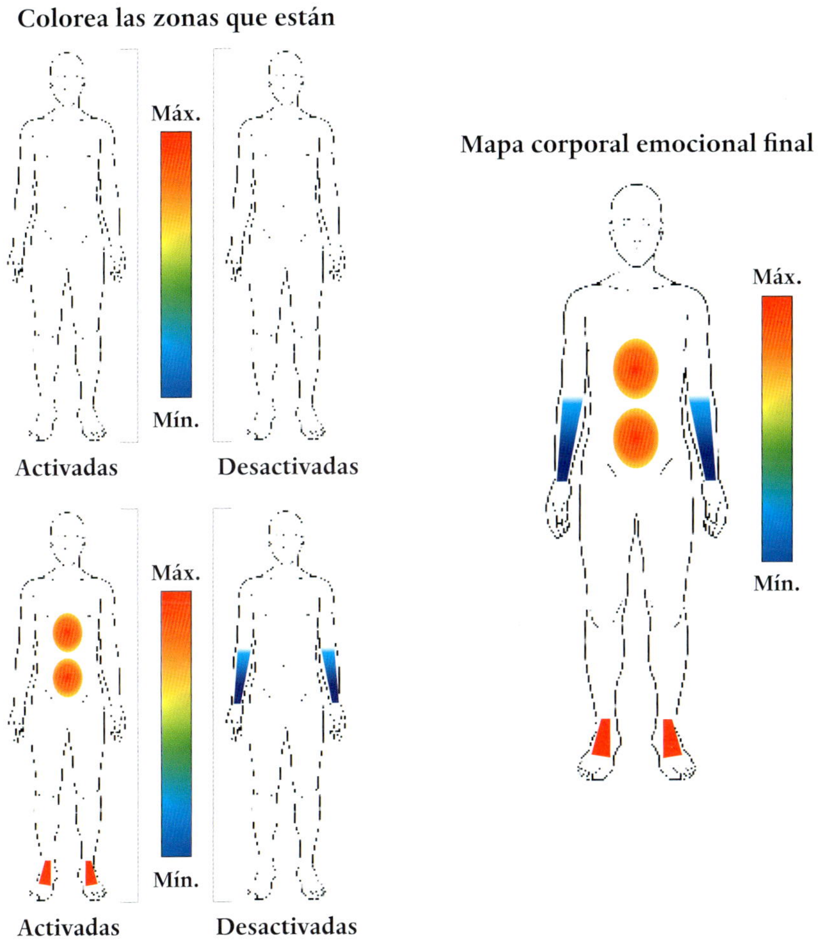

Imagen 18: Activación emocional de los mapas corporales

8. Nummenmaa *et al.,* «Bodily Maps of Emotions», 646-651.

en algunas zonas. Tal vez, no sientas las piernas o las manos. Quizás cuando estás rebosante de felicidad, literalmente, sientas el corazón lleno y la zona del pecho activada. Tal vez, cuando estás emocionado notes un cosquilleo en las puntas de los dedos o electricidad recorriendo tu cuerpo. O, cuando estás en una meditación profunda, podrías sentirte sin cuerpo. En el siguiente ejercicio, trata de observar en qué parte del cuerpo sientes activación o desactivación. Usa lápices de colores –azules y verdes para el frío/desactivación y rojos y amarillos para el calor/activación– para entender en qué parte de tu cuerpo sientes más actividad cuando piensas en la tristeza, la felicidad, etc.

Curiosamente, los estudios han encontrado que patrones similares de activación y desactivación ocurren en los seres humanos incluso a través de distintas culturas. ¿Dónde te sientes activado (más fuerte, rojos/amarillos) o desactivado (más débil, azules/verdes)? Por ejemplo, aquí hice un mapa rápido de dónde sentí activación o desactivación al sentirme feliz. Cerré los ojos y pensé en qué partes de mi cuerpo aumentaban o disminuían su actividad (Imagen 18).

Ejercicio 21

CARTOGRAFIANDO TU CUERPO EMOCIONAL

Utiliza este ejercicio para comprender dónde sientes en tu cuerpo las emociones. ¿Cómo interpretas tú (tu cerebro) las activaciones y desactivaciones en tu cuerpo? La próxima vez que hagas una lectura, intenta notar si estas señales corporales acompañan tus pensamientos.

Necesitarás: tu diario, un utensilio de escritura, lápices de colores, una baraja de tarot y uno o dos amigos.

Colorea las zonas que están

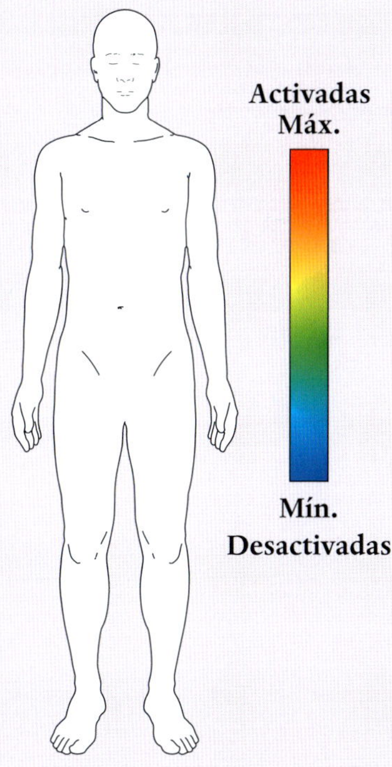

Imagen 19: Plantilla de mapa corporal

1. Usa el mapa corporal como plantilla para indicar dónde te sientes activado o desactivado según diferentes emociones (ira, tristeza, felicidad, etc.).
2. Pide a amigos y/o familiares que completen mapas corporales para las mismas emociones y compara los mapas. Observa si tienen activaciones/desactivaciones similares.
3. Elige cinco cartas del tarot al azar.
4. Colorea tus patrones de activación/desactivación al observar cada una de estas cartas (un mapa por carta). Si eres astrólogo, puedes querer colorear tus patrones de activación/desactivación al contemplar tu carta natal o cada planeta/signo zodiacal.

REACCIONANDO AL CUERPO

A veces nos afectan incidentes emocionales o señales mucho después del evento inicial. Muchas veces, sentimos estos efectos residuales en el cuerpo. Ésta es otra razón para entender cómo reacciona tu cuerpo ante las emociones o, mejor dicho, cómo procesa tu cerebro las señales corporales para distintas emociones. Imagínate entrando en una habitación oscura. Notas algo que se arrastra en una esquina frente a ti. Lo ves con la visión periférica, pero, cuando giras la cabeza, no puedes identificar qué era. Esto ya activa distintos aspectos de tu percepción, como el sistema visual y también las reacciones autonómicas y hormonales del cuerpo que se preparan para responder. Tal vez, has tenido malas experiencias con arañas o con habitaciones oscuras en el pasado. Basándose en la información reunida, el cerebro proyecta diferentes escenarios y predicciones sobre lo que podría suceder y trata de identificar cuáles son más probables.

Al mismo tiempo, la respuesta corporal se activa: aumento del ritmo cardíaco y de la respiración, tal vez sudoración y otras reacciones. Aunque la respuesta corporal es rápida, el hecho de que estos cambios estén ocurriendo se transmite lentamente al tronco encefálico, al tálamo y a la ínsula. Allí se comparan datos: lo que esperabas que sucediera con tu cuerpo dadas las circunstancias y cómo respondió realmente él ante la situación –«ah, sólo es una araña» o «era sólo un gato pequeño, tranquilízate»–. Pero este proceso es lento. Aunque tu cerebro te esté pidiendo que te calmes, al cuerpo puede llevarle un tiempo hacerlo. De este modo, queda un remanente emocional tras la respuesta inicial.

En una lectura, esto puede tener diferentes consecuencias. Si entras en una sala estresado o esperando algún tipo de ansiedad, eso puede hacer que tu cuerpo se tense, estableciendo un tono de base para esa lectura en particular. A pesar de lo que las cartas o los símbolos indiquen con fuerza hacia otras direcciones, puede haber una desconexión entre lo que dice la cabeza y lo que siente el cuerpo. También es importante reconocer esto en la persona para la que estás leyendo. Si anticipa o busca cierto resultado, eso influirá en cómo procesa la forma en que aparecen las cartas, tu interpretación y lo que eso significa para ella. Será importante que establezcas el tono de la lectura. Antes de comenzar, quizás convenga hacer unas respiraciones profundas para despejar el ambiente. Haz un chequeo corporal rápido para ver dónde están los nudos y, en general, toma conciencia de cuáles son tus estados internos antes de comenzar. Considera asimismo realizar ejercicios de limpieza energética al finalizar tu lectura. Así como a los actores de método les cuesta desprenderse de los personajes, alguien muy interoceptivo podría seguir percibiendo ciertas emociones en su cuerpo después del ejercicio de adivinación.

También puede ser interesante pedirle al consultante que dibuje un mapa corporal emocional e indique dónde se siente activado o desactivado, tanto antes como después de la lectura. Esto les brindará un sentido de conciencia. Tú también podrás notar si hay cambios significativos que su cuerpo haya registrado durante la lectura. ¿Se alivió estrés? ¿Se asentó la tristeza? Incluso si el consultante verbaliza lo que planea hacer o lo que entendió de la lectura, su cuerpo podría estar respondiendo de forma distinta. Esto podría ayudarte tanto a ti como a él a clarificar qué se escuchó y qué quedó sin ser oído durante el transcurso de la adivinación.

Ejercicio 22
VINCULANDO EMOCIONES A LAS CARTAS

Este ejercicio te permitirá saber dónde sientes distintas emociones en tu cuerpo. También revelará cuánto tiempo te lleva «recuperarte» de ciertos estados emocionales o cuánto tiempo persiste el efecto residual. No hay respuestas correctas o incorrectas. Simplemente, toma conciencia.

Necesitarás: tu diario, un utensilio de escritura y una baraja de tarot.

1. Elige una carta.
2. Observa cómo te sientes al mirarla.
3. En tu diario, escribe dónde sientes activación/mayor calor o desactivación/mayor frialdad en tu cuerpo (o colorea una plantilla de mapa corporal).
4. Haz una pausa de unos minutos.
5. Al cabo de unos minutos, escribe cómo te sientes. ¿Sigues afectado por la carta que observaste antes?
6. Espera hasta volver a un estado neutro, sin influencia emocional, y luego observa la carta de nuevo.
7. ¿Existe alguna desconexión entre lo que sientes en tu cuerpo y lo que tu mente te dice?
8. Supongamos que sacas el diez de copas. Imagina que tu mente te dice que debería hacerte sentir feliz, pero la imagen en realidad te hace sentir, en tu cuerpo, melancolía. En ese caso, ¿en cuál de las dos informaciones confiarías más?
9. Tómate un descanso de al menos cinco a diez minutos. Repite este ejercicio con dos cartas más.

Reflexiona: ¿Hay algún patrón en tu activación/desactivación corporal cuando contemplas distintas cartas?

PERCEPCIÓN EMOCIONAL Y MANIPULACIÓN

Ahora que sabemos que las emociones juegan un papel importante en nuestras interpretaciones y se vinculan con la intuición que desarrollamos, ¿cómo podemos alterarlas? ¿Podemos volvernos más conscientes del cuerpo y manipular las emociones para obtener el mejor resultado posible en una lectura? ¿Tienen realmente efecto los ejercicios de arraigo y la meditación antes de una lectura sobre cómo interpretamos las cartas, o son sólo ejercicios sin base científica?

Parece que hay suficiente evidencia de que simples cambios en la postura corporal pueden tener un impacto inmediato y significativo en tu estado emocional y, por tanto, en cómo respondes a una situación particular. Piensa en las posturas de poder, donde te sientas con las piernas estiradas y las manos detrás de la cabeza, o en las posturas defensivas, donde cruzas los brazos y las piernas. Éstas tienden a alterar inmediatamente los niveles de testosterona y cortisol.[9] La postura defensiva reduce la testosterona y aumenta el cortisol (estrés), con efectos opuestos en la postura de poder. Por lo tanto, sería beneficioso adoptar intencionalmente una postura abierta para estar calmado y con una mente receptiva durante el proceso adivinatorio. Incluso si te preparas conscientemente, estate atento al reflejo que puede ocurrir con el consultante; podríamos imitar su postura, alterando así nuestros propios ritmos corporales y estado emocional.

En el teatro, esta forma de manipulación emocional interna se realiza con frecuencia. A los actores se les pide imaginarse a sí mismos siendo grandes o pequeños, expandiéndose o contrayéndose internamente, usando el cuerpo como vehículo para transmitir emociones. Lo interesante es descubrir que estos cambios posturales corporales tienen un efecto interno sobre cómo uno se percibe a sí mismo y sobre los cambios hormonales que circulan por el cuerpo. Podemos probar esto con una cuadrícula de afectos (Imagen 20).

Ejercicio 23
CUADRÍCULA DE AFECTOS

La cuadrícula de afectos tiene en su eje horizontal las emociones desde desagradables a agradables, y en el eje vertical el nivel de activación (cuán despierto/consciente estás) frente a la somnolencia.[10] Cuando estás muy emocionado por algo, eso te deja lleno de energía y se ubica alto tanto en la escala de activación como en la de agrado. Si estás muy estresado por algo, aún pue-

9. Carney, Cuddy, y Yap. «Power Posing», 1363-1368.

10. Olenina *et al.*, «Embodied Cognition in Performance».

des tener agitación debido a una energía nerviosa, pero se ubica bajo en la escala de agrado.

Utiliza esta cuadrícula, adaptada de Olenina *et al.*, para evaluar cuánto influye tu cuerpo en cómo te sientes y qué tan rápido te afecta.

Necesitarás: tu diario, un utensilio de escritura y una baraja de tarot.

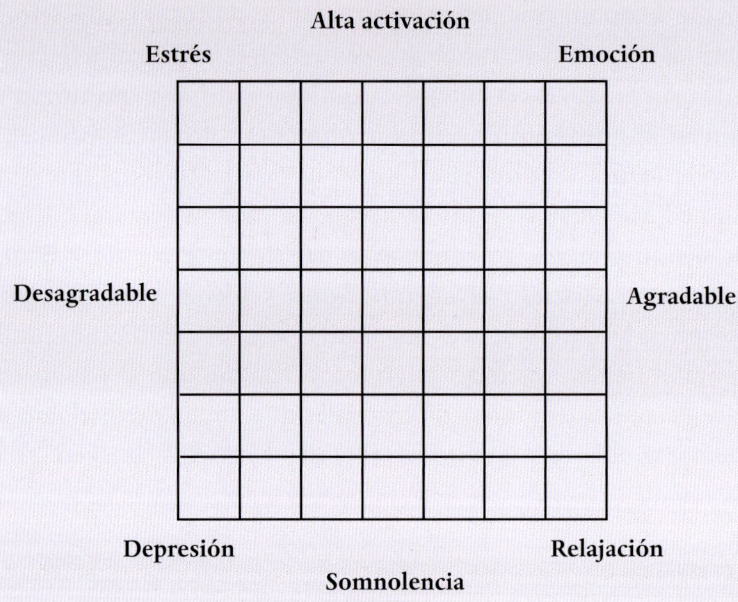

Imagen 20: Cuadrícula afectiva

1. Coloca una X en la cuadrícula de afectos según tu estado actual. Puedes marcar en este libro o dibujar una cuadrícula en tu diario.
2. Camina por la habitación de forma relajada o siéntate en una postura tranquila. Asume emociones neutrales. ¿Dónde colocarías la X?
3. Imagina que tu energía irradia desde el centro de tu cuerpo. Levanta los brazos, alarga el torso e imagina que te expandes. ¿Dónde colocarías la X?

4. Imagina que te contraes en una bola, retirando tu energía hacia dentro. Encógete en ti mismo. ¿Dónde colocarías la X?
5. Elige tres cartas del tarot. Obsérvalas. Para cada una de ellas, coloca una X en la cuadrícula. Reflexiona sobre dónde colocaste las X y por qué.

Reflexiona: Podrías considerar utilizar el ejercicio de la cuadrícula de afectos antes de un proceso adivinatorio para desprenderte de cualquier remanente emocional corporal. También puede ser útil pedir a tus consultantes (presenciales o virtuales) que se liberen de su estado emocional actual y pasen a un estado más neutral o positivo antes de la lectura.

Reconocer tu estado afectivo durante una lectura se vuelve especialmente relevante cuando te vuelves menos receptivo a la información. Cuando te cierras, no quieres escuchar lo que la otra persona tiene que decir y asumes una postura defensiva que te acerca a la ansiedad. Estos ejercicios corporales pueden ayudarte a abrir tanto tu cuerpo como tu mente a nueva información, permitiéndote cambiar y adaptarte. Si tienes herramientas de visualización que te ayuden a despejar el ambiente o a protegerte, sé diligente con ellas.

LAS EMOCIONES DE LOS OTROS

Hasta ahora, la mayor parte del libro ha tratado principalmente sobre el adivino y no tanto sobre su respuesta a quien consulta. Pero la mayor parte de la adivinación ocurre en respuesta a la pregunta de alguien, y no sólo en forma de palabras, sino también en forma del lenguaje corporal, tonos de voz y otros detalles minúsculos que percibimos. ¿Nos afectan las emociones de los demás? Si ves a alguien mostrando asco, las redes de tu cerebro (en la ínsula) también responderán con una emoción de asco. Aunque no estés experimentando físicamente la situación, aún puedes «sentirla». Tu cerebro parece reflejar la actividad en función de lo que percibe. Algunos de nosotros somos más susceptibles a las emociones de los demás.

Ejercicio 24

PERCIBIENDO LAS EMOCIONES DE LOS DEMÁS[11]

Utiliza este ejercicio, adaptado de Doherty, para ayudarte a comprender cuán susceptible eres a las emociones de otras personas y si necesitas aislarte de esas influencias antes de una sesión de adivinación.

Necesitarás: tu diario y un utensilio de escritura.

Parte 1: Tristeza

1. ¿Cómo respondes cuando hablas con alguien y empieza a llorar? ¿Se te llenan los ojos de lágrimas? ¿Permaneces sin alterarte?
2. Si estás viendo una historia o una película con una escena triste, ¿cómo reaccionas?
3. Durante una lectura, ¿respondes a la tristeza del consultante?

Parte 2: Felicidad

1. Si te sientes triste, ¿estar cerca de una persona feliz te anima?
2. Si alguien te sonríe, ¿le devuelves la sonrisa? ¿Cómo te hace sentir?

Parte 3: Amor

1. ¿Cómo te sientes cuando alguien te mira con amor? ¿Cuando alguien te toca con amor?
2. ¿Cómo reaccionas cuando aparece el amor expresado durante una lectura?

---

11. Doherty, «The Emotional Contagion Scale», 131-154.

Parte 4: Miedo

1. ¿Cómo reaccionas cuando las personas a tu alrededor están estresadas o asustadas?
2. Si miras imágenes de miedo en las cartas u otros medios, ¿cómo te hacen sentir?

Parte 5: Ira

1. ¿Cómo te sientes cuando tienes una pelea o desacuerdo?
2. Cuando encuentras ira en una lectura, ¿cómo reaccionas?
3. Si te enfrentas a imágenes de ira, ¿cómo te sientes? ¿Cómo reacciona tu cuerpo?

Parte 6: Reflexión

Con base en tus respuestas anteriores, completa las siguientes frases y reflexiona:

1. Me afecta más la emoción de ____________ (tristeza/felicidad/amor/miedo/ira).
2. Tiendo a bloquear la emoción de ____________ (tristeza/felicidad/amor/miedo/ira).
3. Siento ____________ (tristeza/felicidad/amor/miedo/ira) más en mi cuerpo que otras emociones.
4. Necesito ser más consciente de ____________ (tristeza/felicidad/amor/miedo/ira).

ÚLTIMAS REFLEXIONES

Cuando alguien pregunta «¿cómo te sientes?», podríamos pensar que se refiere a lo que siente el cerebro, pero cada vez hay más evidencia de que el cerebro sólo está interpretando y verbalizando las respuestas fisiológicas del cuerpo. La mayoría de las respuestas en una lectura de adivinación implican respuestas emocionales o requieren comportamientos que desencadenan resultados emocionales. En muchos sentidos, cada lectura está codificada con emociones. Usamos metáforas para describir los símbolos, y cada una de ellas lleva una carga emocional. Hablamos de amor y odio, guerra y paz, equilibrio y calma: nada de eso está libre de emoción. Con este capítulo, espero que hayas comprendido mejor cómo codificas las emociones y dónde sientes distintas cosas en tu cuerpo. También te habrá ayudado a tomar mayor conciencia del sistema sensorial más poderoso que tienes: tu propia conciencia interoceptiva.

Muchos de nosotros tendemos a quedarnos atrapados en nuestra propia mente durante el proceso de adivinación y no nos damos cuenta de que el cuerpo está transmitiendo algo distinto, tal vez, a través de una tensión en el vientre o una opresión en el pecho. Aunque nuestro primer instinto pueda ser interpretar una carta o un símbolo de cierta manera, podría ser que el cuerpo nos esté señalando en una dirección emocional diferente. La esperanza es que estos ejercicios te ayuden a reconocer esas señales y te permitan hacer una pausa y reflexionar sobre ellas hasta que se conviertan en una conciencia innata con el tiempo.

Además, debemos recordar que tanto el consultante como el lector son humanos. Viven una realidad en la que la lectura es sólo un evento más, y cada lectura estará influida por todas las emociones y la energía que aportamos a ella como experiencia compartida. Aunque no te estoy pidiendo que te conviertas en una piedra, sí creo que abrazar una sensación de calma o reducir parte de la agitación durante la lectura puede ayudarte a procesar tus propios pensamientos, especialmente si eres susceptible al contagio emocional. Tu consultante también será más receptivo a nuevas ideas si se acerca a la lectura desde un estado más neutral. Espero que hayas adquirido algunas herramientas para ello.

En el próximo capítulo, profundizaremos en los aspectos transaccionales y sociales que surgen entre el lector y el consultante durante una lectura de adivinación.

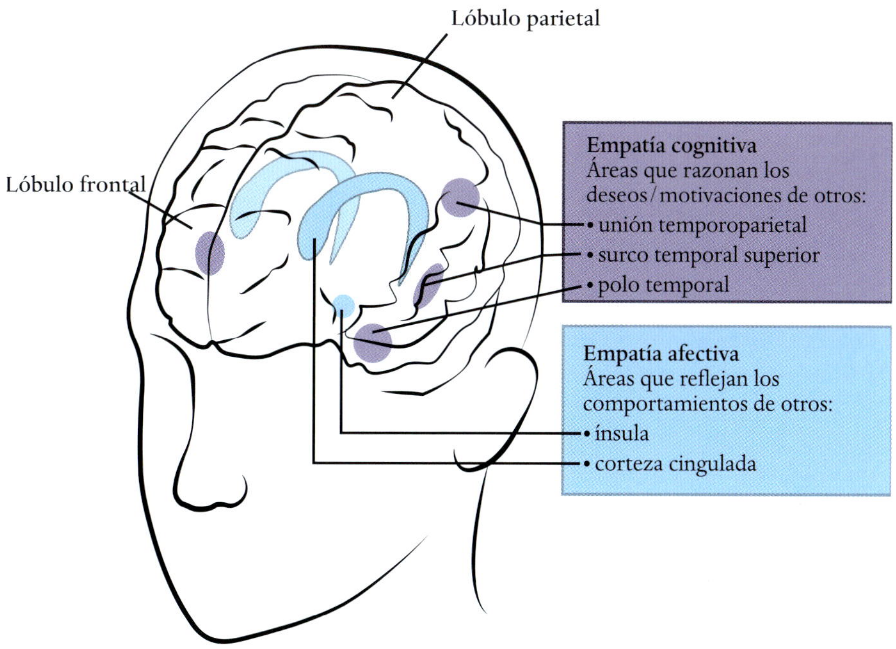

Ilustración 10: Anatomía del yo y del otro (cognición social)[12]

Utilizamos dos enfoques para la empatía: empatía afectiva y empatía cognitiva. La empatía afectiva se usa para sentir lo que el otro está sintiendo mediante la imitación de sus comportamientos. Piensa en arrugar la nariz con asco al ver que alguien más lo hace, o en llorar con otra persona. La empatía afectiva se procesa en la ínsula y la corteza cingulada (ambas ubicadas en las profundidades del cerebro). La empatía cognitiva se utiliza para razonar los deseos y las motivaciones de los demás poniéndote en su lugar. También se le llama «mentalización» (*mentalizing*). La empatía cognitiva se procesa en el lóbulo temporal (a lo largo del costado de la cabeza, desde las sienes hasta la parte posterior).

12. Jankowiak-Siuda, Rymarczyk y Grabowska, «How We Empathize with Others».

CAPÍTULO 4

EL YO Y EL OTRO

La adivinación, o cualquier otra forma de visión oracular, puede ser un proceso de autorreflexión utilizado para comprenderse a uno mismo. Sin embargo, muchos de nosotros practicamos la adivinación para responder consultas de otros buscadores. Éste es un proceso interesante, ya que no sólo estamos creando imágenes mentales a partir de las cartas, sino que también procesamos información de la persona frente a nosotros: cómo se ve, cómo se sostiene, cómo habla. Y ahora, trabajando en un mundo virtual, tal vez imaginamos cómo es, visualizamos su postura y desciframos el tono de su pregunta a través de un correo electrónico o una voz. Algunos lectores piden una foto junto con la consulta y otros pueden solicitar objetos adicionales. Algunos entramos a ciegas con sólo una carta natal o una tirada de cartas. Hemos hablado extensamente en los capítulos anteriores sobre cómo nuestras mentes utilizan estas herramientas (cartas, cartas astrales, imágenes) para crear asociaciones significativas, etiquetarlas con nuestras propias emociones y, luego, hacer saltos intuitivos para formar narrativas sustanciales y tomar decisiones.

Lo que solemos ignorar en gran parte es que, mientras el adivino dice algo, el consultante está escuchando, y puede llevarse de la lectura lo que desee. Lo que escucha será diferente de lo que se dijo. Algunos pueden no estar en el estado mental adecuado para escuchar o comprender lo que se está interpretando en la lectura. En ese sentido, cada lectura para otra persona es transaccional. Está limitada por el vocabulario del adivino, pero también por la comprensión del consultante. Esto no es para menospreciar la capacidad de ninguno de los dos, sino para reconocer que su estado mental y sus sistemas sensoriales también actúan como filtros, añadiendo otra capa de complejidad a toda lectura. ¿Cómo podemos resolver esto? Una manera es utilizar herramientas como la escucha activa, que permiten al lector reflexionar también sobre lo que dijo. En este caso, podrías preguntarle al consultante: «¿Qué escuchaste de la lectura?» o «¿Con qué te quedaste?». Éstas no son preguntas directivas como «¿Fue acertado?» o «¿Eso resolvió algo?», sino preguntas descriptivas que permiten al consultante responder activamente sobre cómo escuchó tus palabras.

En un taller en el Omega Institute en 2023, tuve el honor de hacer una presentación junto a Mary K. Greer, destacada experta en tarot, autora prolífica y quien ha escrito el prólogo de este libro. Uno de los ejercicios que sugirió fue intentar ver lo que el consultante ve en las cartas, lo cual se logra simplemente pidiéndole que describa, no que interprete, las cartas que tiene delante. Merodeamos por la sala trabajando en parejas y nos dimos cuenta de que, incluso entre personas que han usado cartas del tarot durante años, ese simple cambio de perspectiva revelaba muchísimo. Así que pregúntale al consultante qué ve. Muchas veces, puede notar detalles que tú, como lector, no habías visto, y eso puede reflejar su estado mental actual.

COMPROMISO NARRATIVO

¿Puedes crear una historia a partir de las siguientes tres imágenes? Piensa en tu relato y escríbelo en tu diario. Yo reflexioné un poco sobre ellas y esto fue lo que se me ocurrió:

> La Tierra tiene mucha historia: civilizaciones que han durado siglos. Con el tiempo, la gente perdió el sentido de su pasado, y el arte que antes era prístino empezó a perder valor y se volvió ruinoso. Finalmente, incluso los vestigios de todo esto se perdieron y fueron cubiertos para desarrollar espacios más

prácticos, como campos de césped artificial, creando nuevos objetos de adoración y glorificación: el deporte y el comercio como nuevas religiones. De lo que la gente no se dio cuenta fue de que esto era una combustión lenta y progresiva de su esencia, que iba siendo erosionada, cortada, fragmentada por la gente misma. Cada corte causaba mucho dolor, pero con el tiempo se generó tolerancia, y hasta ese dolor se volvió endémico, la sensación de pérdida se volvió parte del ADN.

Imagen 21: Creando narrativas a partir de imágenes

Ésta es una narrativa que elaboré en cinco minutos, construyendo una cierta coherencia a partir de tres imágenes. Las imágenes en sí son dispares, sin conexión temática y estéticamente muy diferentes y, sin embargo, mi cerebro llenó los huecos narrativos. Formar una coherencia narrativa a partir de fragmentos de información es algo que hacemos durante todo el tiempo. Le damos sentido a los comportamientos a nuestro alrededor e incluso a nuestros propios recuerdos construyendo y descartando constantemente narrativas a partir de un flujo continuo de información con el paso del tiempo.

A medida que encontramos nueva información, creamos una nueva «película» o trama y la usamos como modelo para entender el mundo. A veces, esa trama es aceptada y otras veces se revisa. Para que estos eventos dentro de la historia funcionen, también necesitamos establecer conexiones entre la causa y el efecto, eventos que se despliegan a partir de otras influencias.

La estructura de cualquier lectura de adivinación es una historia. Quizás, estamos contando la historia para nosotros mismos o para el consultante. Cuando disponemos un conjunto de cartas del tarot en una tirada o desplegamos una carta astral, siempre hay una pregunta o problema, algunas opciones y unos resultados. Y luego, las imágenes y metáforas que vemos evocan un arco narrativo. ¿Cómo responde nuestro cerebro a esta narración? Las personas responden mejor y se sienten más involucradas cuando pueden seguir un arco narrativo con inicio, desarrollo y final.[1]

En muchos sentidos, tiradas como la cruz celta, o incluso una simple tirada de pasado-presente-futuro, pueden construir estos arcos. El lóbulo fronto-central del cerebro, especialmente en el hemisferio izquierdo, muestra un alto grado de actividad neuronal durante el compromiso con narrativas. Otra área cerebral que participa activamente en la construcción narrativa, el viaje mental y la elaboración de escenas es la red neuronal por defecto, de la que ya hablamos como esencial para el divagar de la mente (Ilustración 5).[2] Mientras el consultante activa estas partes del cerebro al escuchar una lectura, está construyendo la trama y añadiendo a la narrativa que el adivino está desplegando. Debemos tener en cuenta que mientras el lector usa las cartas para contar la historia, el consultante es quien tiene la imagen completa. La situación es su vida, sus emociones y sólo él o ella puede completar todos los detalles. Aunque algunos de esos detalles estén ocultos en el subconsciente, la persona que escucha controla cómo se desarrolla la trama.

---

1. Dini, Simonetti y Bruni. «Exploring the Neural Processes».
2. Simony *et al.*, «Dynamic Reconfiguration of the Default».

Ejercicio 25

INTERACCIÓN ENTRE ADIVINADOR Y CONSULTANTE

¿En qué momento cambia la narrativa entre cuando el adivino interpreta y habla sobre una imagen, y cuando el consultante escucha y procesa lo que se dijo? Usa este ejercicio para recorrer paso a paso la transacción hablante-oyente. Te ayudará a identificar qué partes de lo que dices son más impactantes y cuándo tu interlocutor deja de prestar atención.

Trabaja con un amigo. Podéis turnaros para ser el consultante o el adivino. Haz una pregunta o plantea un problema y luego usa tus herramientas (cartas, cartas natales, etc.) para responder a la pregunta.

Necesitarás: tu diario, un utensilio de escritura, una baraja de tarot y un amigo.

1. Actuando como adivino, saca tres cartas en respuesta a una pregunta o problema planteado por el consultante.
2. Escribe lo que observas como lector/adivino.
3. Pide al consultante que escriba lo que ve en las cartas.
4. Ahora narra tu lectura de las imágenes/cartas. Pide al consultante que repita lo que escuchó en sus propias palabras.
5. Anota las diferencias y similitudes entre lo que dijiste y lo que escuchasteis. ¿Qué partes de tu narración se les quedaron? ¿Qué partes ignoró?
6. Pide al consultante que narre cómo esta lectura se refleja en el contexto de su vida (hechos a los que tú no tienes acceso).
7. Pregunta si tu arco narrativo fue interesante. ¿Cuánta atención prestasteis? ¿En qué momento os sentisteis más interesados y cuándo perdisteis el hilo?

Reflexiona: ¿Reconoces cuándo has «perdido» a un consultante durante una lectura, cuando ya no te está escuchando? ¿Cómo lo sabes? A veces los consultantes asienten, pero no están de acuerdo con lo que dices. ¿Eres consciente de eso?

EN LA ENCRUCIJADA DE LA MENTE DEL OTRO

¿Cuándo busca alguien una lectura? Por lo general, cuando hay algún tipo de conflicto o situación no resuelta. Si pensamos en la vida del consultante como una historia, el momento en que se acerca a una lectura adivinatoria es una encrucijada. Desde ese cruce, pueden surgir múltiples futuros y es ahí donde necesita claridad. Imagina que vas a cenar con un amigo. Puedes visualizar en tu mente cómo se desarrollará la velada. Tal vez, te imagines saliendo a tiempo y llegando temprano al restaurante. También puedes visualizar el tráfico en el camino y verte atrapado en él. En cada caso, asimismo puedes imaginar cómo te sentirás tú y cómo se sentirá tu amigo si llegas tarde. Este mirar hacia el futuro se llama cognición prospectiva y está vinculada a la red neuronal por defecto.[3] Todos practicamos esta prospección constantemente, usando información del presente, recuerdos y otros datos para simular eventos futuros y así poder planear los siguientes pasos y enfrentarlos. No sólo estamos desplegando los distintos elementos de la trama y del desarrollo futuro, sino que también estamos integrando eso en lo que será la narrativa del futuro.[4] Pasa tus manos por la línea media de tu cabeza, hacia la coronilla e imagina que te deslizas hacia el interior. Esta región (el precúneo), junto con las regiones de la memoria situadas en los lados de la cabeza justo sobre las orejas (los giros temporales), son importantes para esa integración narrativa.

Muchos de nosotros también hemos vivido o recordamos lecturas en las que entramos esperando una cierta respuesta y salimos con una narrativa que no podíamos digerir. A veces, incluso mientras se disponen las cartas, creamos nuestras propias interpretaciones internas, que pueden ser completamente diferentes de lo que dice el lector. En muchos casos, recordamos con gran detalle esas narrativas discordantes. Esto ocurre cuando no podemos reconciliar la información que escuchamos con lo que esperábamos. Cuando nos resis-

3. Konishi *et al.*, «Shaped by the Past».

4. Song, «Cognitive and Neural State Dynamics», 8972-8990.

timos a lo que acabamos de escuchar en una lectura o no encontramos cómo encaja ese modelo con nuestra visión del mundo, es muy difícil cambiar de opinión en ese momento. Esto se debe a que ya hemos creado nuestras propias versiones del futuro en la mente y lo que luego escuchamos no coincide con esas visiones.

La red neuronal por defecto está altamente conectada con la noción del yo. Cuando escuchamos narrativas que entran en conflicto con el yo, esa red se desactiva y se activa el sistema fronto-parietal,[5] que se encarga de tareas relacionadas con el juicio. Esto hace que rechacemos la trama o narrativa propuesta. No hay comprensión de cómo encajan las piezas del rompecabezas en ese momento, pero puede que logren hacerlo más adelante. Da un paso atrás y observa si hay lógica o fundamento en lo que se está diciendo.

Ejercicio 26
DIFERENTES VERSIONES DE UNA MISMA LECTURA

Podemos no ser conscientes de cuán orientado hacia el futuro está el cerebro del consultante (y él mismo quizás tampoco se dé cuenta de cómo está generando diferentes versiones del futuro mientras despliegas las cartas o la carta natal durante el proceso de adivinación). Este ejercicio te ayudará a comprender cuánto influye el propio cerebro del consultante en cómo se interpretan tus narrativas. También podrías ser testigo de la lucha entre su red neuronal por defecto y el sistema fronto-parietal si proporcionas narrativas discordantes con lo que imaginaba.

Trabaja con un amigo para la parte 1. Podéis turnaros como consultante o lector. Haz una pregunta o plantea un problema y elige algunas cartas para responderla.

Necesitarás: un amigo, una baraja de tarot, un utensilio de escritura y tu diario.

5. Tylén *et al.,* «Brains Striving for Coherence», 106-114.

Parte 1: Entrando en la historia del consultante

1. El consultante formula una pregunta o plantea un problema y el adivino extrae tres cartas.
2. Después de que el adivino narre su visión a partir de las cartas, pregunta al consultante qué significa para él de forma inmediata.
3. Pregunta cómo esa interpretación afectará su futuro/pasos siguientes y cómo imagina que se desplegarán las opciones. Esto dará pistas sobre cuál es la trama y cómo encaja en la narrativa de vida futura de la persona.
4. ¿La versión del adivino sobre cómo se desarrollarán las cosas coincide con lo que el consultante piensa que ocurrirá?

Parte 2: La lectura discordante

1. ¿Recuerdas una lectura en la que no creías en absoluto lo que se dijo o en la que la lectura contradecía todo lo que creías?
2. Escribe cómo te sentiste y cómo reaccionaste durante esa lectura.
3. ¿Ha habido una ocasión en la que tú fueras el lector y el consultante no estuviera de acuerdo con tus interpretaciones?
4. ¿Cómo respondió él? ¿Cuál fue tu reacción ante su respuesta? ¿Llegaste a ver cómo se desarrollaron finalmente los hechos?

Reflexiona: ¿Qué es más importante para ti en una lectura: tu versión de la interpretación o lo que el consultante está interpretando en su mente?

EMPATÍA

Durante una lectura, una de las preguntas clave es si estamos sintonizando con las emociones del consultante que tenemos enfrente –y, en muchos casos, si el consultante también está reaccionando a nuestras propias emociones–. Sabemos por investigaciones llevadas a cabo que observar el dolor de otra persona puede activar o desencadenar redes similares en nuestro propio cerebro, reflejando así las emociones del otro.[6] Ya hablamos brevemente del contagio emocional, que puede afectarnos, y cómo algunas personas están más sintonizadas con esto que otras. Nuestros cerebros tienen la capacidad de distinguir entre «el yo» y «el otro» (principalmente en el giro supramarginal derecho), y esta separación nos ayuda a evitar el contagio emocional. Esta capacidad de diferenciación entre uno mismo y el otro es mayor durante la adolescencia (con mayor actividad en esta zona del giro supramarginal derecho) y disminuye con la edad. Esto puede explicar por qué desarrollamos una mayor empatía a medida que envejecemos.[7] También tenemos la capacidad de comprender el dolor ajeno o responder al miedo de los demás (piensa en por qué disfrutamos o nos identificamos con las películas de terror). Se cree que la capacidad de «mentalizar» el dolor de los demás está presente en la unión temporoparietal del cerebro, en la ínsula (centro de la autoconciencia) y en la corteza cingulada anterior (vinculada a las acciones impulsivas, Ilustración 10).[8]

Imagina que te estás preparando para una lectura. El consultante llega visiblemente alterado. Inmediatamente, empiezas a imaginar eventos que pueden haber provocado esa ansiedad o frustración. Al imaginar a otra persona en un estado emocional determinado, activas una «representación» de esa emoción dentro de ti. No sólo visualizas la emoción ajena, sino que además puedes responder con expresiones faciales o movimientos corporales apropiados. Piensa en alguien que entra por una puerta y se encuentra con una fiesta sorpresa. ¿Cómo reaccionará? ¿Puedes imaginar los ojos agrandados, las cejas levantadas, la mandíbula cayendo? ¿Cómo cambia tu propia expresión al ver una sorpresa? Todos hacemos esto para

6. Gilbert, «Compassion as a Social Mentality», 31-68.
7. Riva *et al.*, «Emotional Egocentricity Bias Across the Life-Span», 74.
8. Jankowiak-Siuda, Rymarczyk y Grabowska, «How We Empathize with Others».

entender y reconocer las respuestas emocionales y expresiones faciales del otro. Así es como «sentimos» las emociones de los otros. Ésta es una etapa del proceso empático y se conoce como empatía afectiva (Ilustración 10). Pero también tenemos la capacidad de ir más allá de la simple percepción emocional. Quizás veas a alguien que parece asustado al estar en lo alto de un edificio. Tu primera reacción es reconocer el miedo en su rostro. Pero luego puedes pensar: «Tal vez esta persona se cayó antes de un lugar alto» o «Quizás siente vértigo». Empiezas a construir una escena mental que da contexto a la emoción. Esta capacidad para comprender deseos, intenciones y motivaciones del otro se llama empatía cognitiva. Imaginar la vida del otro no es fácil, pero es necesario: no sólo con amigos y familia, sino con cualquier persona con la que interactuamos. Implica sentir lo que el otro siente e imaginar por lo que podría estar pasando.

Para ello, debemos tener en mente una imagen de lo que el otro podría estar experimentando, qué motiva esas emociones, de dónde provienen y qué podría llevarlo a actuar. Estamos creando una escena mental sobre cómo reaccionará la persona frente a nosotros ante distintos escenarios. Esto se llama mentalización. Durante una lectura, la mentalización es un proceso bidireccional. El lector intenta «mentalizar» al consultante, crear imágenes emocionales de su situación, empatizar con él y ofrecer narrativas basadas en esos escenarios. A medida que estas posibilidades se narran, el consultante forma sus propias tramas futuras, «mentalizando» los estados emocionales de su yo futuro: «Esta elección me hará feliz», «Esta otra me hará infeliz».

COGNICIÓN SOCIAL

Los seres humanos, como criaturas sociales, siempre hemos intentado entender el comportamiento ajeno y predecir cómo actuarán los demás. Cómo interpretamos las acciones de otro, cómo calibramos su percepción de sí mismos y cómo eso se relaciona con nuestro propio yo constituye el núcleo de la cognición social. Este proceso está en el corazón de lo que ocurre durante una lectura entre lector y consultante. El lector intenta comprender las acciones, elecciones y comportamientos del consultante, mientras que el consultante filtra esa información según cómo el lector habla, formula su narrativa y con qué tono, lenguaje corporal y actitud. La cognición social es como una investigación detectivesca: debemos descifrar información como expresiones faciales y emocionales, pero también inferir los estados mentales del otro para tomar decisiones intuitivas. Ya desde que somos niños comenzamos a practicar estas tácticas y las seguimos perfeccionando a lo largo de toda la vida.

Como no tenemos acceso directo a los pensamientos del otro ni podemos predecir sus acciones, necesitamos mecanismos para comprender sus intenciones. Debemos entender cuál es su estado mental: ¿cuáles son sus creencias, deseos, experiencias? Luego, creamos una representación mental de su cerebro, distinta de la nuestra, y usamos esa representación para analizar y anticipar su comportamiento. Este tipo de representación mental (mentalización) no es completamente innato. Aunque ciertos rasgos se ven en los bebés, se desarrolla en buena medida con el tiempo, comenzando hacia los cuatro años. Esto es diferente de la empatía, donde tendemos a imitar o sentir la reacción emocional del otro, activando nuestras propias respuestas físicas o autonómicas.[9]

Como puedes imaginar, la manera en que «desciframos» a las personas frente a nosotros no es sencilla. Primero está la percepción de expresiones faciales, gestos, posturas corporales, lenguaje y voz. Esta percepción social (paso 1) nos ayuda a integrar las señales del rostro y el cuerpo del otro. A continuación, se integran para entender su estado afectivo y evocan respuestas reflejadas en nosotros mismos (paso 2). También tratamos de codificar sus palabras, comportamiento y actitud en términos de estados mentales (paso 3). Las áreas cerebrales implicadas en la percepción social del paso 1

9. Arioli, Crespi y Canessa, «Social Cognition through the Lens».

no se activan durante la acción en sí, sino cuando intentamos entender el sentido que subyace en las acciones de los otros. Esta información, junto con nuestros centros emocionales y nuestro estado mental actual, nos ayuda a codificar el contenido emocional de nuestras observaciones. ¿Están felices? ¿Tristes? ¿Molestos?

El sistema de espejeo (*mirroring*) y el sistema de mentalización (*mentalizing*) son distintos, pero complementarios. Mientras el primero observa las acciones del otro y su postura, el segundo intenta deducir cómo y por qué actuarán de determinada manera. En una lectura, usas el sistema de espejeo para percibir lo que el consultante está sintiendo y responder a sus cambios emocionales. Luego, usas el sistema de mentalización para comprender las razones que hay tras esas emociones, sus motivaciones, sus elecciones.

Primero, necesitamos reconocer lo que está ocurriendo con la otra persona, identificar rasgos faciales y tratar de entender el significado de sus acciones (Ilustración 11, azul). Luego tratamos de empatizar con la persona reflejando sus emociones o acciones (por ejemplo, fruncir el ceño cuando la otra persona lo hace o sonreír si ella sonríe). Incluso, si no lo hacemos físicamente, lo estamos reflejando (*mirroring*) mentalmente (púrpura). Por último, damos sentido a lo que está pasando y predecimos lo que la otra persona hará en función de cómo se siente (naranja).

Imagina una situación en la que alguien viene a preguntarte si debería casarse con su pareja. Basándote en su lenguaje corporal, tono de voz y cómo formula la pregunta, usas la percepción social para calibrar su nivel de satisfacción con la situación. Durante la lectura, sacas la carta de la Rueda de la Fortuna, que indica cambios, y al hablar puedes observar cómo su cuerpo reacciona. Aunque tu interpretación es positiva, percibes que su cuerpo se repliega hacia dentro y sientes que no está abierto a la idea del matrimonio. Entonces, reflejas esa sensación experimentando una inquietud interna. Luego, puedes «mentalizar» que tal vez está buscando una validación para salir de esa relación. Conforme avanzas, tu interpretación de la carta puede cambiar.

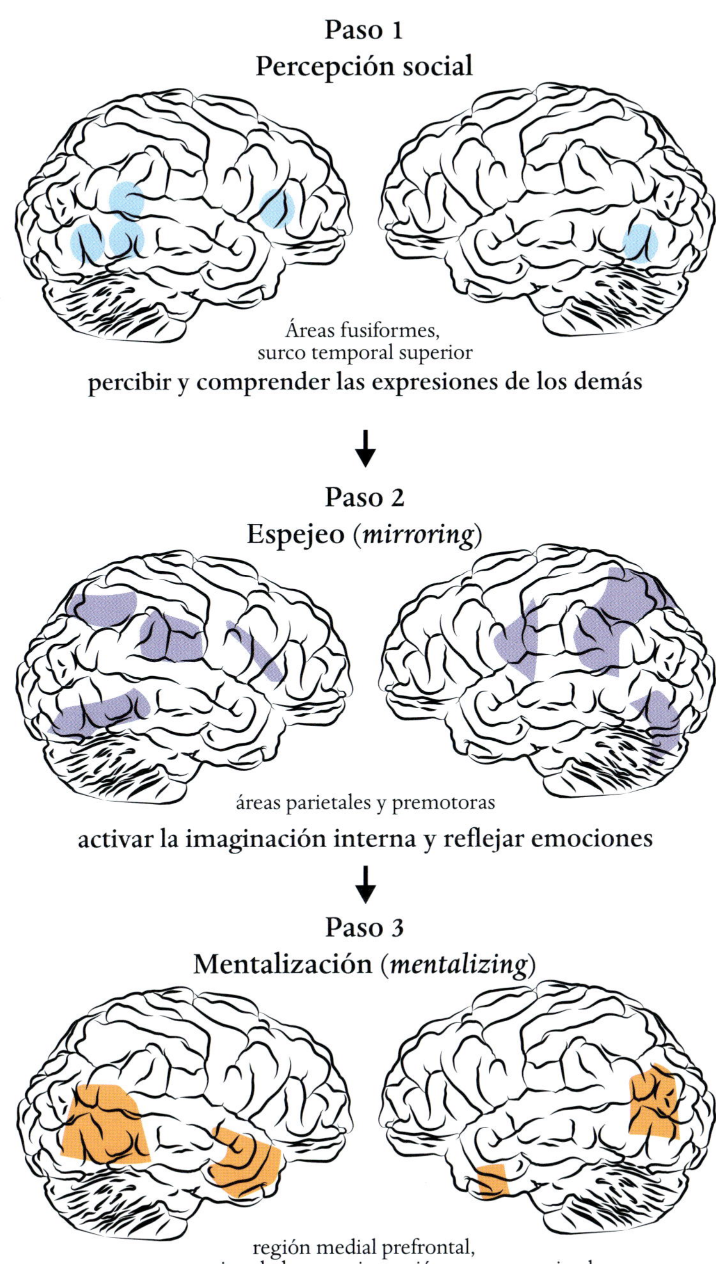

Ilustración 11: Las capas de la cognición social

Como intérpretes, también usamos las imágenes, cartas o herramientas frente a nosotros para ayudarnos en este proceso complejo. Todo el proceso adivinatorio es una construcción de la representación mental del consultante (o incluso de uno mismo). Usamos imágenes, claves, cartas y metáforas para crear una narrativa que atribuye ciertas perspectivas emocionales a la persona. Luego, contextualizamos esa narrativa con el problema en cuestión y generamos representaciones de cómo sería su comportamiento, cómo le afectaría, etc. En muchos sentidos, cuando disponemos las cartas, estamos recorriendo el proceso completo de la cognición social.

Ejercicio 27
PASOS PARA COMPRENDER AL OTRO

Durante una lectura, ¿en qué momento reconoces las emociones de los demás, en qué etapa empatizas con ellos reflejando sus emociones y cuándo comienzas a contemplar sus deseos y motivaciones? Este ejercicio te ayudará a recorrer ese proceso y a desglosar cuándo tu propio yo interviene en la comprensión del otro.

Necesitarás: tu diario, un utensilio de escritura, una baraja de tarot y un amigo.

Parte 1: La lectura

Pide a un amigo que contemple un problema o una pregunta. Para cada uno de los siguientes pasos, anota no sólo tu respuesta, sino también lo que observas en el tono de su pregunta y luego agrega otras observaciones. El ejercicio empieza con sólo claves verbales. Luego se añaden claves auditivas y visuales. Observa cómo procesas cada una.

1. Pide a tu amigo que te envíe su problema o pregunta por correo electrónico o mensaje de texto. Luego realiza la lectura.

2. Llámalo por teléfono y pídele que diga su pregunta en voz alta. Luego utiliza tu método de adivinación.
3. Haz una videollamada o reuníos en persona para que plantee la pregunta. Luego realiza la lectura.

Parte 2: Reflexión

1. En cada caso, pídele a tu amigo que exprese cómo «escuchó» tu respuesta. ¿Hubo cambios? ¿Le afectó de forma distinta?
2. ¿Cómo «espejeaste» o «mentalizaste» al otro en cada uno de estos casos?
3. ¿Cuál era el estado mental de tu amigo?
4. ¿Añadiste más adjetivos o adjetivos diferentes para describirlo a medida que avanzaba el proceso de adivinación?
5. ¿Qué método de comunicación con tu amigo te permitió ser el mejor intérprete?
6. ¿Qué pistas (postura, elección de palabras, habla, tono) te ayudaron más en tu lectura?

Reflexiona: ¿Evitas usar ciertos medios (mensajes, llamadas, videollamadas, reuniones presenciales) durante tu proceso intuitivo? ¿Por qué sí o por qué no?

ÚLTIMAS REFLEXIONES

El proceso de adivinación es una transacción y un ejercicio de cognición social. En tanto que animales sociales, hemos aprendido a comprender el estado emocional de los demás para poder responder de la mejor manera posible. Observamos expresiones faciales, posturas corporales, tonos de voz y muchas otras señales para descifrar en qué estado emocional se encuentra la otra persona. Al hacerlo, solemos «espejear» ese estado dentro de nosotros mismos, como una forma de empatizar, permitiéndonos sentir lo que el otro siente. Al mismo tiempo, también estamos construyendo imágenes complejas en nuestra mente sobre qué lo hace sentirse así. Esta creación de escenas nos ayuda a entender las necesidades internas y los deseos de la otra persona e imaginar cuáles serán sus elecciones futuras. Todos estos elementos se integran durante una sesión de adivinación, con los símbolos y las metáforas de las cartas o cartas astrales como medio para desarrollar distintas escenas.

Una sesión de adivinación no es un evento estático donde el lector dice: «Así son las cosas». Por el contrario, el consultante, mientras escucha las narrativas, observa las imágenes y compara metáforas, construye sus propias imágenes mentales sobre cuáles son sus opciones. En su mente, está visualizando sus futuros, las múltiples posibilidades, y desarrollando respuestas emocionales a cada uno de esos caminos. Esto añade una capa más de dinamismo a esta transacción.

Espero que esta sección te haya dado herramientas para reconocer algunos de los pasos que recorres al empatizar con el otro y las complejas maneras en que indagas en los deseos y motivaciones ajenos. Es importante reconocer que esta capacidad de «mentalizar» escenas del otro no es algo innato, sino algo que entrenamos desde edades tempranas, lo que significa que todos tenemos el poder de aprender y mejorar nuestras habilidades para imaginar acciones futuras de los demás basándonos en la información que poseemos.

En la próxima sección, nos adentraremos en el mundo de la predicción, la pronosticación y la precognición, y en cómo la neurociencia puede arrojar luz sobre estos temas.

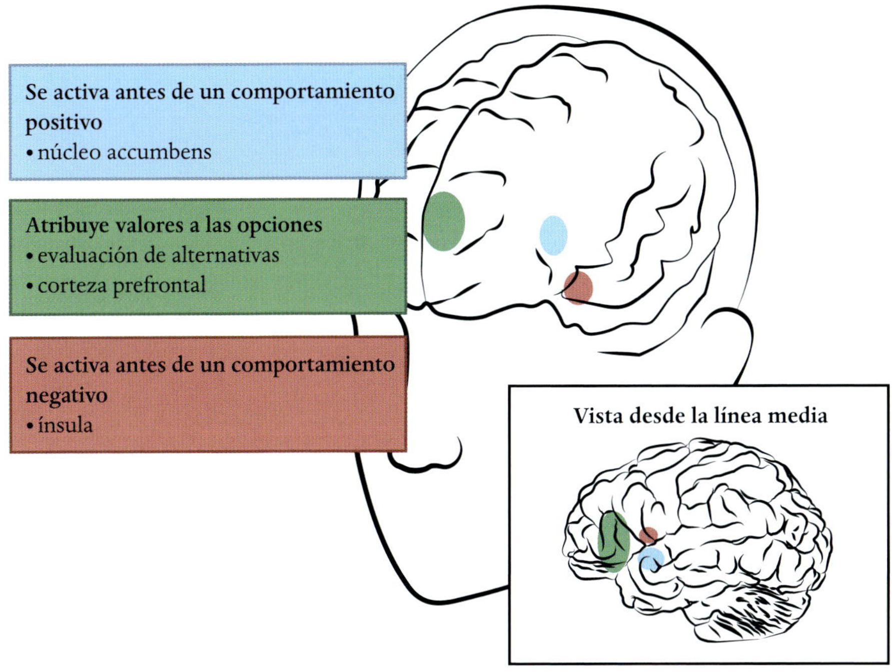

Ilustración 12: Anatomía de la predicción y la pronosticación

Si dividimos el cerebro por la línea media del cráneo, a lo largo de la nariz, podemos exponer las áreas que nos ayudan a predecir el comportamiento. Hacia el frente de la cabeza, justo detrás del «tercer ojo», se encuentra la corteza prefrontal medial (verde), que evalúa las opciones asignándoles distintos valores. Si trazamos una línea de un oído al otro atravesando la cabeza, nos cruzaríamos con el núcleo accumbens (azul), que se activa antes de un comportamiento positivo («¡hazlo!»). Un poco más adelante y hacia afuera se encuentra la ínsula (rojo), que se activa antes de un comportamiento negativo («¡evita esto!»).

CAPÍTULO 5

PREDICCIÓN Y NEUROPRONOSTICACIÓN

Con el paso del tiempo, hemos dejado de ver la adivinación únicamente como una herramienta para hacer pronósticos, y comenzamos a entenderla como un medio para alcanzar una comprensión más profunda de nuestras elecciones y de nosotros mismos. Sin embargo, es natural que los seres humanos contemplemos tanto el pasado como el futuro, y hay una emoción particular al pensar en la predicción y la precognición. Anticipar eventos y sus consecuencias es una parte integral de nuestras vidas, y de todas las formas de vida animal. Nuestros cerebros son, por naturaleza, órganos predictivos. Para sobrevivir, todos los animales deben anticipar riesgos, evaluar oportunidades y corregir errores. En cada instante, intentamos prever qué ocurrirá a continuación para poder actuar en consecuencia y funcionar en el mundo. Por ejemplo: estás caminando por una calle. Esperas que el camino esté a un cierto nivel, lo cual te permite poner el pie con una determinada inclinación, fuerza y presión para no caer. Pero si estuvieras subiendo una escalera o una pendiente, tu cerebro anticiparía una necesidad distinta de movimiento y ajustaría tus músculos automáticamente. Es gracias a estas pequeñas predicciones que podemos movernos con naturalidad.

¿Y por qué esto es importante para la adivinación? Incluso al desplegar las cartas o interpretar una carta astral, comenzamos a anticipar qué símbolos aparecerán y qué podrían significar. Desde que se plantea la pregunta –y a veces incluso antes, observando el lenguaje corporal o el tono del consultante–, se empiezan a trazar hilos narrativos, posibles caminos, resultados esperados. Estas anticipaciones pueden llevarnos por rutas erróneas, sí, pero en muchos casos nos conducen con precisión, gracias a la experiencia y al reajuste constante de nuestras expectativas con el tiempo. Aun cuando no usemos la adivinación para predecir, estamos debatiendo opciones, considerando desenlaces y trazando posibles futuros.

ANTICIPACIÓN Y EXPECTATIVA

Imagina que caminas hacia una cafetería y pisas algo punzante. Saltas hacia un lado. Ése es un ejemplo de acción no anticipada. Asumías que el camino estaría libre y por eso no estabas atento a los obstáculos.

Ahora llegas a la puerta del local y, como cada vez que entras, escuchas un chirrido. Al día siguiente, al empujar la puerta, tu cerebro ya está anticipando el chirrido, incluso antes de oírlo. La anticipación ocurre cuando el cerebro supone que algo va a suceder según unos patrones repetidos.

Tras haber abierto la chirriante puerta, el camarero te saluda. Esto también se vuelve parte de lo esperado. Tu cerebro construye escenas futuras mientras te acercas al mostrador. Aquí entra la expectativa: la imagen mental de lo que vendrá. Pero, como el mundo no es estático, tu cerebro reevalúa constantemente sus predicciones. La próxima vez que camines por esa calle, prestarás atención a los objetos en el suelo, porque ahora anticipas la posibilidad de peligro y has reajustado la forma en que caminas.

Cuando tienes una serie de imágenes (por ejemplo: rosa, espina, rosa, espina, rosa…), empiezas a anticipar lo siguiente que vendrá, y en este caso imaginas que vendrá una espina. Necesitamos poder anticipar lo que sucederá para interactuar con el entorno y responder adecuadamente.[1] Incluso podemos ir más allá de la expectativa inmediata, hacia la proyección de eventos futuros: quizás ahora esperas recibir un ramo de flores, dada la secuencia. Has formado un evento predicho, y luego compararás lo que ocurre realmente con lo que anticipaste. Si aciertas, sabrás mejor qué esperar la próxima vez. Si te equivocas, tendrás que recalibrar tus expectativas sobre lo que significan esas imágenes.

Ejercicio 28
ANTICIPACIÓN Y EXPECTATIVA

Comprender tu sentido de la anticipación y cuánto esperas de las situaciones te ayudará a calibrar tu capacidad de previsión.

Necesitarás: tu diario y un utensilio de escritura.

1. Haz una lista de las formas en las que anticipas eventos. Piensa en cosas pequeñas (por ejemplo, escuchas un coche, anticipas que va a girar la esquina, esperas verlo, y luego lo ves) y también en cosas grandes (por ejemplo, tu horóscopo dice que conocerás a alguien especial, te encuentras con alguien en una reunión y hacéis planes).
2. Piensa en momentos en que tu anticipación y tu expectativa no coincidieron. ¿Qué aprendiste? (por ejemplo, escuchaste un coche, pero cuando miraste no había ninguno).

1. Bubic, von Cramon y Schubotz, «Prediction, Cognition and the Brain».

¿DÓNDE OCURRE LA ANTICIPACIÓN?

Como adultos, tenemos una vida llena de experiencias y cargas, tanto emocionales como físicas. Esto nos ha llevado a entender cómo se desarrollan diferentes situaciones, cómo leer a las personas y cómo percibir escenarios. Estos millones de elecciones, ideas, creencias y resultados han calibrado la forma en que anticipamos eventos o el desarrollo de distintas situaciones. Cada una de ellas se ve influenciada por entradas sensoriales: lo que vemos, lo que oímos, lo que olemos en el momento. Estas señales actúan como desencadenantes que activan ideas anticipatorias específicas en nuestro cerebro. Nuestras neuronas no están simplemente en reposo todo el tiempo. Están constantemente tratando de anticipar qué ocurrirá a continuación para que, cuando el evento suceda, los circuitos necesarios puedan activarse. Están anticipando eventos y prediciendo cómo reaccionará el cerebro cuando ocurran.

Muchas veces nos golpeamos la frente diciendo: «¡Debí saber que eso iba a pasar!». Lo maravilloso es que justo detrás de la frente es precisamente donde las neuronas se activan de manera sincronizada para generar anticipación (la corteza prefrontal). Están esperando actuar de una manera determinada ante un conjunto determinado de circunstancias (predicción). Nuestra esperanza es reducir la brecha entre lo que se predice y lo que realmente se hace. Esto nos ocurre todo el tiempo. Ves una taza de café y extiendes la mano para cogerla. Tu cerebro calcula que, si usas cierta fuerza, podrás levantarla. Pero si alguien ha puesto piedras dentro de la taza sin que lo sepas, pesará mucho más y quizás no puedas moverla. En ese caso, lo que anticipaste y predijiste no coincide con lo que realmente sucedió. Entonces, aprendes. Como las redes cerebrales son maleables, ahora sabes que no todas las tazas pesan lo mismo y podrás anticiparlo mejor la próxima vez.

Esto también se observa en respuestas fisiológicas. Si te muestran imágenes de un punto moviéndose a cierta velocidad en una pantalla, tu sistema visual sigue ese punto y las neuronas se activan de manera secuencial. Después de unos minutos, si sólo se muestra el punto en su posición inicial, los investigadores han descubierto que el cerebro sigue activándose en secuencia, aunque el punto ya no se mueva por la pantalla. Tu cerebro está anticipando ese movimiento y ya está programado para predecir cómo se moverá.[2]

Cuando ves un objeto en movimiento, como una abeja o una mosca, esperas que se mueva de cierta forma y en cierta dirección. Tu cerebro se activa a lo largo de esa trayectoria esperada. Lo que ahora se sabe es que estas áreas cerebrales se activan incluso antes de que el insecto se mueva, prediciendo lo que sucederá. Tu cerebro está anticipando el evento. Dependemos de estos mecanismos constantemente en actividades cotidianas como conducir o caminar. El cerebro luego compara lo ocurrido con lo que se predijo y hace correcciones para que puedas reaccionar mejor la próxima vez.

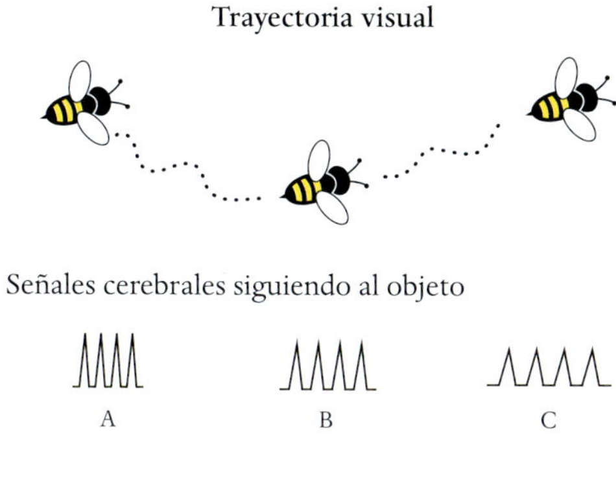

Objeto visual, seguido por ausencia de movimiento

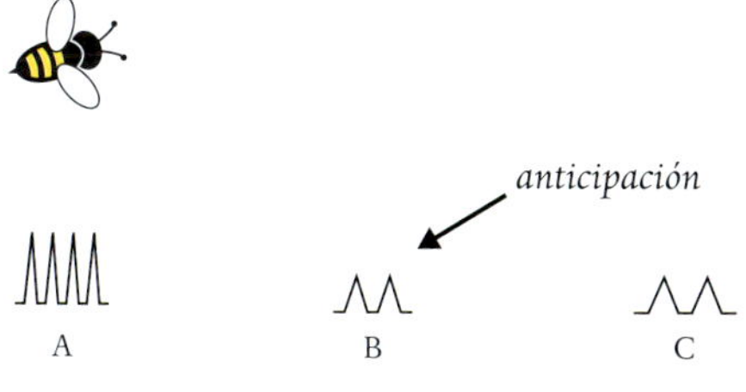

Señales cerebrales anticipatorias
a pesar de la falta de objeto
en movimiento

Imagen 22: Anticipación neuronal

2. Walsh *et al.*, «Evaluating the Neurophysiological Evidence», 242-268.

Probablemente, hemos lidiado con esto infinidad de veces en nuestras lecturas. Una carta, una imagen o un patrón puede representar algo en muchas lecturas, pero tener una interpretación distinta cuando aparece en otro contexto. Aunque estés usando experiencias pasadas para transmitir una narrativa vinculada a esa imagen, puede que en este caso te esté llevando por el camino equivocado. O puede que entres a la lectura anticipando cierto resultado, pero las cartas o las imágenes indiquen otra cosa. Entonces, surge esa desconexión entre lo que esperabas y lo que recibiste. ¿Qué haces en ese momento? ¿Cómo reaccionas cuando tu predicción o interpretación no coincide con la narrativa que tienes frente a ti?

Ejercicio 29

GESTIONAR EXPECTATIVAS DURANTE UNA LECTURA

Utiliza estas preguntas para identificar en qué momento surgen tus anticipaciones y expectativas durante una sesión de adivinación. ¿Se mantienen esas expectativas iniciales a lo largo de toda la lectura? ¿O simplemente establecen la base para cómo se desarrollarán las cosas? ¿Cómo reconcilias lo que esperabas con lo que realmente lees en tu carta astral o tus cartas? ¿Retiras tus expectativas iniciales o adaptas los símbolos a la narrativa que ya habías formado?

Necesitarás: tu diario, un utensilio de escritura y una baraja de tarot.

Parte 1: Adelantarse en la lectura

1. Baraja las cartas del tarot durante un minuto y comienza el proceso de adivinación pensando en una pregunta. ¿Con qué frecuencia ya has respondido a la pregunta en tu cabeza antes de leer las cartas (o la carta astral) que tienes delante?

2. ¿Cambias de interpretación o de opinión a mitad de la lectura?
3. ¿Alguna vez notas una desconexión entre lo que esperabas y lo que acabas diciendo?
4. ¿Has ido alguna vez a una lectura esperando que las cartas fueran interpretadas de cierta manera o que una pregunta fuera respondida de cierta forma, pero se interpretó de otra manera? ¿Cómo reaccionaste? En esas situaciones, ¿logras descubrir por qué hubo una desconexión entre lo que anticipabas y lo que se dijo?

Parte 2: La lectura anticipatoria

1. Extrae tres cartas, pero mantenlas sin desvelar.
2. Desvela la primera carta.
3. Escribe lo que crees que será la segunda imagen o tema. Observa tus sensaciones antes de desvelar la carta.
4. Desvela la segunda carta.
5. Escribe cómo te sientes al ver esta imagen. ¿Coincide con lo que dijiste en el paso 3?
6. Escribe lo que crees que será la tercera carta o imagen. Observa tus sensaciones antes de abrir la carta.
7. Abre la tercera carta.
8. Escribe cómo te sientes al ver esta imagen. ¿Coincide con lo que dijiste en el paso 6?
9. ¿Coincidieron tus expectativas con las cartas que salieron? ¿Por qué crees que tenías esa expectativa?

Reflexiona: En estadística existe el concepto de «sobreajuste». Es cuando ajustamos la interpretación de los datos para que se adapten a nuestras ideas o sesgos iniciales. ¿La primera carta de una lectura establece un tema que luego determina cómo interpretas las siguientes cartas? ¿O tu interpretación sigue estrictamente los significados de cada carta? ¿Alguna vez surge un tema antes incluso de que saques la primera carta?

PREDICCIÓN DEL CEREBRO SOBRE LAS REACCIONES DEL CUERPO

Ya hemos hablado en detalle sobre el concepto de interocepción. Podemos verlo también de esta manera: a medida que navegamos por el mundo, nuestro cerebro predice lo que podría ocurrir dentro del cuerpo basándose en experiencias pasadas.[3] Esa predicción es la base de cómo experimentamos el mundo. Por ejemplo, si tocas algo por primera vez y te quema, la próxima vez que veas ese objeto, tu cerebro anticipa o predice que te quemarás. Entonces, tratarás de evitarlo. Pero quizás la siguiente vez, el objeto no queme. Eso se llama error de predicción y el cerebro intentará darle sentido. ¿Había algo encendido la última vez y ahora está apagado? Esto hace que el cerebro recalibre cómo interactuar con ese objeto y predecir los futuros resultados. Eso puede alterar la forma en que el cuerpo reacciona a ese objeto. Tal vez, antes te acercabas con los músculos tensos, y ahora hay una relajación visible en el cuerpo. Esto cambia cómo interactuamos con el mundo.[4] Durante mucho tiempo se nos ha dicho que nuestras percepciones y sentidos disparan nuestras acciones pero, en realidad, cómo interactuamos con el mundo también altera cómo lo percibimos.

Esto me pasó cuando vivía en Los Ángeles. Todas las mañanas, al caminar hacia la parada del autobús, pasaba frente a una casa con una cerca de alambre. Cada vez que pasaba, un perro grande salía corriendo desde la casa y me ladraba furiosamente. Le he tenido miedo a los perros desde muy pequeño y de algún modo ellos parecen notarlo. Empecé a anticipar los ladridos y cruzaba la calle antes de llegar a la casa. Unas semanas después, el perro dejó de ladrarme y volví a caminar por la acera habitual. Pero, un día, justo cuando había bajado la guardia y empecé a relajarme, el perro corrió hacia la cerca y ladró, haciéndome saltar. Mi cerebro se había acomodado en un escenario predecible donde el perro ya se había acostumbrado

---

3. Barrett y Simmons, «Interoceptive Predictions in the Brain».
4. Bubic, von Cramon y Schubotz, «Prediction, Cognition and the Brain».

a mí, pero el perro tenía otra táctica. Me había entrenado para bajar la guardia... y luego me sorprendió.

Ejercicio 30
CONFIAR EN LA ANTICIPACIÓN CORPORAL

¿Cuánto confías en la anticipación para reconocer algo? ¿Tu percepción de las cosas cambia con información nueva o adicional, o permanece igual? Este ejercicio te guiará a través de algunas de estas ideas.

Necesitarás: tu diario, un utensilio de escritura, un amigo, una caja (de cartón u opaca) y algunos objetos cotidianos o juguetes.

1. Pídele a tu amigo que esconda un objeto dentro de la caja.
2. Sin mirar dentro, mete la mano y siente el objeto.
3. Piensa en cómo se puede usar ese objeto y cómo crees que se ve.
4. Escribe lo que crees.
5. Saca el objeto y observa si tu percepción o el uso que esperabas cambia.
6. Escribe cuán diferente fue tu expectativa de la realidad.

Reflexiona: ¿Tu respuesta a un consultante cambia a medida que avanza la lectura?

NEUROPREDICCIÓN

La pregunta que tenemos ante nosotros es: ¿existen casos o evidencia de predicción que vayan más allá de estas respuestas instintivas y adaptaciones predictivas a corto plazo que usamos para regular nuestra vida diaria? Las predicciones a largo plazo forman parte de la vida de todos. Nos preparamos para el futuro. Imaginamos ciertos caminos para nosotros mismos, planificamos según ellos y nos convencemos de que si hacemos A, B y C, obtendremos el resultado D. Y nos movemos en esa dirección. Así que la planificación a largo plazo también forma parte del cerebro. Incluso algunos animales no humanos parecen hacerlo de forma instintiva, como cuando sincronizan el cuidado de sus crías con los cambios estacionales, siguen rutas migratorias o responden a relojes internos y señales del entorno antes de la llegada del frío.

Los científicos están empezando a explorar el campo de la neuropredicción al plantearse la pregunta: ¿podemos, realmente, predecir eventos? Es un tema controvertido, pero también emocionante y estamos en un momento en el que contamos con herramientas de imagen cerebral que nos permiten intentar responder a esta cuestión. Los experimentos actuales giran en torno a pedirle a las personas que predigan eventos basándose en poca información y confiando completamente en su intuición. Las preguntas son del tipo: «¿Qué canciones serán más populares dentro de seis meses?» o «¿Qué productos serán los más vendidos dentro de un año?». Se realizan registros cerebrales mientras las personas eligen. En muchos casos, aunque conscientemente decían preferir la canción A o el producto V, los patrones de activación cerebral revelaban que, a nivel intuitivo, anticipaban que la canción D o el producto X serían los más populares.[5]

¿Cómo es posible? Lo más probable es que, como mencionamos antes, el cerebro inconsciente esté recopilando pequeños fragmentos de información y logre organizarlos en una dirección determinada. Incluso si el razonamiento lógico apunta a otra cosa, podemos anticipar o predecir cuál será la tendencia correcta. Lo fascinante es que un grupo de personas puede anticipar con precisión lo que ocurrirá y que, en la mayoría de los casos, esa previsión permanece oculta en su inconsciente.

La actividad neuronal en el cerebro predice decisiones como comprar o asumir riesgos. Elegir opciones o comportamientos positivos

5. Knutson y Genevsky, «Neuroforecasting Aggregate Choice», 110-115.

(compra esto, haz aquello, etc.) activa el núcleo accumbens. Si partiéramos el cerebro verticalmente (desde la frente hasta el mentón) y trazáramos una línea desde la base de las orejas hacia el centro del cerebro, más o menos allí encontraríamos el núcleo accumbens.[6] La corteza prefrontal medial, en la parte frontal del cerebro, es donde se valoran y comparan las distintas opciones. La actividad en estas dos áreas parece predecir cómo reaccionaremos ante una decisión específica. ¿Elegirás A o B? La activación del núcleo accumbens ha predicho qué se descargará en Internet dos años después. Mientras estas áreas predicen un comportamiento positivo, la ínsula y la amígdala predicen conductas de evitación (por qué huimos o no nos gusta algo).

Pasar de este nivel de toma de decisiones inconsciente al punto de la acción individual requiere muchos pasos y capas cerebrales. Y para cuando se pasa de lo inconsciente a la acción consciente, puede haber un cambio. Por eso, incluso si estás totalmente convencido de algo, puedes actuar con base en algo totalmente distinto, ya que la mente lógica puede anular las decisiones inconscientes. Pero también sugiere que, incluso antes de actuar, ya podrías haber tomado una decisión inconsciente sobre cómo actuar, aunque no seas del todo consciente de ello. Y al observar tu actividad en el núcleo accumbens, la corteza prefrontal medial y la ínsula, podríamos saber cuáles serán tus decisiones, mucho antes de que seas consciente de haberlas tomado.

Lo emocionante de usar el tarot u otras herramientas de adivinación es que, quizás, podamos abrir una ventana al inconsciente, creando una forma de asomarnos para tratar de entender qué decisiones ya hemos tomado sin darnos cuenta. Así, aunque la mente consciente esté confundida o atrapada en la indecisión, podemos usar imágenes y símbolos como canales para comprender lo que ya estamos planeando en lo más profundo de nuestro ser.[7]

---

6. Knutson y Greer, «Anticipatory Affect», 3771-3786.
7. Knutson y Genevsky, «Neuroforecasting Aggregate Choice».

Ejercicio 31
HACER PREDICCIONES

Comprender cómo tu cerebro lleva a cabo el proceso de pronosticación puede ayudarte a entender los mecanismos que hay detrás de tus decisiones, cómo atribuyes valor a distintas opciones (usando la corteza prefrontal medial), y qué tipos de elecciones tiendes a evitar (ínsula) o ejecutar (núcleo accumbens). Estas preguntas también te permitirán observar el pensamiento grupal y cómo, en ocasiones, lo colectivo puede predecir resultados mejor que un individuo.

Necesitarás: tu diario, un utensilio de escritura, una baraja de tarot y entre cuatro y cinco amigos.

Parte 1: Predecir el futuro

1. Piensa en una situación o problema que se resolverá dentro de tres a seis meses y cuyo desenlace aún desconoces.
2. Escribe cómo anticipas que se resolverá esa situación.
3. Extrae una o dos cartas para intentar ver cuál será el desenlace. Anota las cartas en tu diario.
4. Vuelve a pensar en la situación o problema del paso 1.
5. Pregunta a tus amigos cómo creen que se resolverá esa situación.
6. Pídeles que saquen una o dos cartas del tarot para responder la pregunta y que escriban sus impresiones inmediatas.
7. Compara tus notas con las respuestas de tus amigos.
8. ¿La acción o elección es positiva o de evitación?
9. ¿Qué valores atribuyes a la opción planteada para resolver el problema?

Parte 2: Revisión en seis meses

1. Revisa tus respuestas respecto a la situación.
2. ¿Cuál fue el desenlace real?
3. ¿Lograste predecirlo correctamente?
4. ¿La solución colectiva fue más precisa?
5. ¿Interpretarías tus cartas de manera diferente ahora que conoces el resultado?

PRECOGNICIÓN

La precognición es distinta de la predicción. Con ella puedes ofrecer información sobre un evento futuro que no tenías forma de conocer ni deducir. Imagina que escuchas diez canciones y te piden que digas cuál será la más popular en un año. Allí tienes datos: melodías, géneros, ritmos. Tu cerebro puede procesarlos y hacer una predicción. Ahora imagina otro caso: de repente, de la nada, un día sueltas: «Valdez Rules», y seis meses después, la canción más popular resulta ser una inédita titulada «Valdez Rules». Ésa sería la diferencia entre predicción y precognición.

Esto genera gran escepticismo en la comunidad científica (con razón, ya que muchas afirmaciones son exageradas), aunque se han publicado estudios controvertidos en los que el conocimiento futuro parece haber influido en el rendimiento pasado. Muchas de estas ideas son difíciles de procesar, pues contradicen las leyes fundamentales de la física y la termodinámica.[8] Hay teorías sobre efectos retrocausales (el futuro influye en el pasado) basadas en la mecánica cuántica. Un problema al abordar estas preguntas es el sesgo de los experimentadores (si creen o no en la precognición), lo que puede afectar los resultados o su interpretación. Pero con tecnologías cada vez más avanzadas en neurociencia, tal vez, sea sólo cuestión de tiempo poder estudiar estos fenómenos con más rigor.

Los estudios muestran que la creencia en la precognición o en la posibilidad de prever el futuro está ligada al nivel de control que una persona siente que tiene sobre su vida.[9] Cuanto menor es el sentido de control, mayor es la creencia en la precognición, lo psíquico, etc. En cierto modo, prever el futuro ofrece una sensación de mayor control sobre las decisiones. La mayoría de las lecturas de tarot, oráculos o astrología no hacen grandes predicciones, sino que sugieren probabilidades, posibilidades y caminos con ciertos resultados resaltados. Algunos lo verán como algo vago (y el oyente encajará

---

8. Bem, «Feeling the Future», 407-425.
9. Greenaway, Louis y Horney, «Loss of Control Increases Belief».

los mensajes en su situación), y otros lo considerarán certero (con las cartas señalando el camino exacto). En muchos casos, se trata de análisis transaccionales entre quien lee y quien consulta. Es decir, la persona tomará de la lectura lo que le haya resonado. Construirá sus propios escenarios futuros y validará como verdad aquello que mejor encaje con su narrativa interna.

Ejercicio 32
TU CEREBRO PREDICTIVO

Intentar comprender la capacidad de predecir es complicado, pero reflexionar por escrito sobre algunas preguntas puede ayudarte a recorrer ese proceso.

Necesitarás: tu diario y un utensilio de escritura.

1. Piensa en una ocasión en la que hiciste una predicción. ¿Cuál fue la progresión lógica que llevó a esa predicción?
2. ¿Puedes pensar en un evento en que la conciencia colectiva a tu alrededor parecía tener la certeza de que algo iba a salir bien?

¿Cómo puede, entonces, tu cerebro sostener múltiples posibilidades y futuros al mismo tiempo para ayudar a resolver situaciones? Una explicación podría está en la mecánica cuántica, que incluye la posibilidad de la precognición.[10] La mecánica cuántica permite fenómenos como la superposición y el entrelazamiento, que operan a nivel atómico y subatómico. Ésta podría ser la base de una forma de «cognición cuántica». Aunque el cerebro es una estructura grande, está compuesto por neuronas, y éstas a su vez por canales proteicos,

10. Taylor, «The Nature of Precognition», 19-38.

lípidos y movimientos iónicos. Si dejamos de ver el cerebro sólo como una entidad física y empezamos a considerarlo como un generador de ondas electromagnéticas, podríamos pensar con mayor profundidad en la conciencia y en cómo percibimos las «ondas del otro» o incluso las «ondas del universo». Esta idea de trascender la individualidad para fundirse con una energía universal ha sido expuesta por místicos de diversas tradiciones religiosas y también por pacientes que han sufrido accidentes cerebrovasculares, en los cuales la separación entre el plano físico y la conciencia se diluye y emerge una sensación de unidad más grande. Por ahora, no tenemos herramientas ni capacidad suficientes para investigar a fondo estas ideas.

ÚLTIMAS REFLEXIONES

En el momento de la escritura de este libro, la neurociencia como campo está explorando áreas fascinantes como la predicción y la precognición. Las herramientas para la obtención de imágenes cerebrales, así como para el escaneo simultáneo de múltiples personas, se están desarrollando y se están volviendo más sofisticadas. Además, cada vez más científicos están abiertos a investigar ideas que habrían sido impensables hace una década. Conceptos considerados esotéricos o tabú en el pasado están comenzando a entrar en el discurso académico. Incluso fenómenos como la atención plena y la meditación, que no formaban parte de los paradigmas experimentales hace unos años, ahora están siendo ampliamente estudiados. Parte de esto se debe a que los propios científicos están comenzando a practicar estas disciplinas, eliminando así sus propios sesgos hacia ellas.

En muchos sentidos, nuestras preguntas sobre el cerebro y lo que es capaz de hacer están limitadas por la tecnología que tenemos para explorarlo. También estamos limitados por nuestros propios sistemas sensoriales: la vista, el oído, el olfato, el tacto y el gusto son los medios primarios con los que observamos el cerebro y sus funciones. A esto se suma un factor adicional: el objeto de estudio (el cerebro) también es el instrumento con el que observamos y analizamos. Nuestra esperanza es que podamos superar algunas de estas limitaciones con nuevos enfoques y tecnologías que permitan observar la actividad y las funciones cerebrales de manera más directa y sutil.

Siempre resulta emocionante pensar que podemos asomarnos al futuro. Espero que este capítulo te haya ofrecido una visión de lo que se sabe hasta ahora sobre el cerebro predictivo, tanto desde el punto de vista de la anticipación cotidiana como en lo que respecta al pronóstico más abstracto. A medida que la neurociencia avanza, preveo más experimentos orientados a abordar estas preguntas sobre la predicción, la pronosticación y la precognición. Dicho esto, hay que señalar que también existen charlatanes y practicantes de mala fe en el ámbito de la adivinación –y pueden causar mucho daño–. En muchos sentidos, la ciencia se ha utilizado como herramienta para desmontar estas prácticas nocivas. Tal vez, en el futuro, la ciencia pueda convertirse en un medio para observar algunos de estos procesos de adivinación y ayudarnos a comprenderlos mejor.

CAPÍTULO 6

TAROT Y NEUROCIENCIA: TIRADAS Y CORRESPONDENCIAS

Hemos hablado mucho sobre cómo la neurociencia está conectada con la interpretación del tarot y la simbología adivinatoria. ¿Podemos usar tiradas de tarot para explorar más profundamente nuestro propio cerebro? En este capítulo, emplearemos algunas tiradas populares y crearemos otras nuevas para ayudarte a investigar diferentes aspectos de tu mente.

LA TIRADA DE LA CRUZ CELTA: DEL CEREBRO A LA ACCIÓN

La tirada de la cruz celta es una de las más conocidas dentro del tarot. Implica el uso de diez cartas. Las dos primeras representan al consultante y las siguientes cuatro tratan sobre influencias tanto internas como externas, que juntas conforman la situación actual. Las últimas cuatro cartas abordan elementos externos y cómo puedes utilizarlos o superarlos para alcanzar un resultado concreto. Pienso en una modificación «neurotarotiana» de la cruz celta como una tirada de un cerebro y una médula espinal. Puedes habitar completamente el cerebro y tener todas las ideas y los pensamientos posibles, pero para ponerlos en acción y ejecutarlos, necesitas la médula espinal. Juntas, estas cartas representan el paso del pensamiento a la acción, un desplazamiento de lo interno a lo externo. Ambas son esenciales: una combinación de Shiva y Shakti.

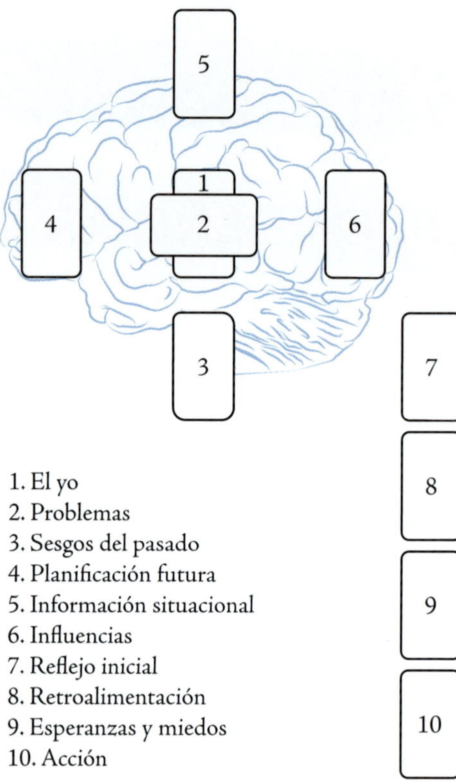

Imagen 23: La cruz celta y el yo

El yo: representa el estado mental actual del consultante; una imagen de quién eres en este momento. Esto correspondería a una zona profunda del cerebro: la ínsula, considerada como el asiento de la conciencia.

El problema: tus preguntas, deseos, conflictos o inquietudes que surgen desde ese estado interno (o en contradicción con él). Una lectura te permite verbalizar tu pregunta, transformándola de idea abstracta a pensamiento consciente, conectando distintas áreas cerebrales.

Sesgos del pasado: tus acciones actuales están influidas por el pasado. El cerebro está en constante aprendizaje y reajuste. Aprendemos inhibiciones para modular comportamientos futuros. El lóbulo temporal, junto con la amígdala, almacena recuerdos a largo plazo y los integra con la emoción. Allí residen también los sesgos inconscientes.

Planificación futura: tus decisiones se ven influidas por lo que anticipas que ocurrirá. Las expectativas conducen a la acción planificada y a la visualización del desenlace. Esta función está dominada por el área premotora del lóbulo frontal y la red neuronal por defecto.

Tomar perspectiva (información situacional): el lóbulo parietal recoge la información sensorial disponible, incluyendo la posición corporal (propiocepción) y el sentido del espacio. Al integrar todos estos datos sensoriales, puedes reflexionar sobre cómo avanzar hacia el objetivo.

Influencias (información externa e interna): aunque tengas todo planeado, nueva información entra continuamente por medio de los sentidos: vista, oído, olfato, tacto y gusto. El mesencéfalo, con los colículos, crea un mapa del mundo usando tanto lo auditivo como lo visual. También operas con imágenes mentales y asociaciones.

Ahora que has evaluado la situación, ¿cómo avanzas?

Reflejo inicial/control: los nervios craneales que surgen del bulbo raquídeo te permiten ejecutar acciones sin pensar en funciones automáticas como respirar, regular la temperatura, mover los ojos. Aunque parezca automático, está condicionado por temores, deseos, impulsos aprendidos. Tu reacción es tan instintiva como moldeada.

Retroalimentación/sensación: al actuar, interactúas con el mundo y recibes información a través del cuerpo: textura, calor, dolor... Todo eso llega por el ganglio raquídeo dorsal a la médula espinal (y de allí al cerebro). Las respuestas pueden ser reflejos rápidos o reacciones más matizadas. Puedes retirarte al sentir un pinchazo o, si el contexto lo requiere, continuar pese al dolor.

Esperanzas y miedos: aunque podamos imaginarnos como máquinas, las hormonas influyen también en nuestras acciones. La forma en que respondemos al estrés se moldea desde el útero. No es algo «bueno» o «malo», pero sí es importante reconocer que nuestras emociones influyen en nuestras decisiones. Saber por qué sientes lo que sientes puede ayudarte. Respira, imagina tu sistema hormonal equilibrado (hipotálamo) y avanza.

Acción/resultado: cuando las neuronas se comunican con los músculos, el pensamiento se transforma en acción. La acetilcolina permite esa comunicación entre célula nerviosa y muscular. Ya tienes toda la información, te has reajustado, has evaluado y superado los miedos, ahora es momento de actuar. No te preocupes por el resultado.

TIRADA DEL YO Y DEL OTRO

Esta tirada te muestra cómo te relacionas como lector con tu consultante: cómo defines tu propio yo y cómo ves al otro con empatía. ¿Cómo «espejeas» sus emociones? ¿Qué puedes predecir sobre su comportamiento? Esta tirada se puede superponer a una tirada regular, añadiendo claridad adicional, ya sea sobre las elecciones del consultante o sobre tu propia interpretación de la lectura.

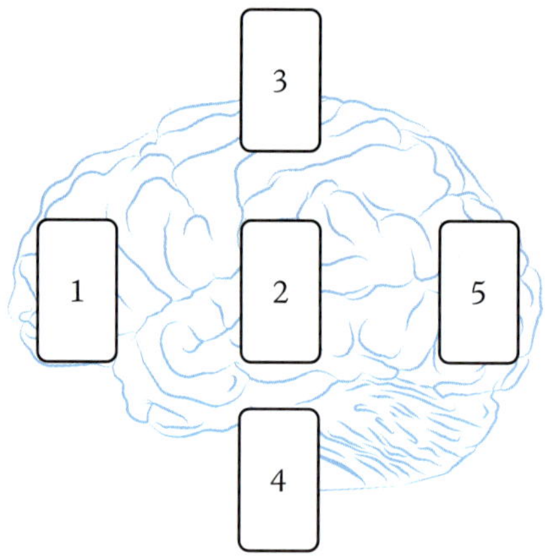

1. Tu yo interno
2. Empatía hacia los demás
3. Reflejo del otro en ti
4. Comprensión de las acciones del otro
5. Prognosis futura

Imagen 24: Tirada del yo y el otro

Tu yo interno: Dónde te encuentras emocionalmente en este momento de la lectura. La red neuronal por defecto y la corteza orbitofrontal indican tu estado mental actual.

Empatía hacia el otro: Cómo percibes al otro y reconoces sus emociones. ¿Puedes sintonizar con lo que siente? La unión temporoparietal (justo por encima de las orejas) cumple un rol clave en esto.

Reflejo del otro en ti: Parte de la empatía es imaginar cómo te sentirías en el lugar del otro. El espejeo activa áreas que te permiten experimentar lo que el otro siente. Esto se percibe a lo largo de la coronilla, en el lóbulo parietal.

Comprensión de las acciones del otro: Tu entendimiento de sus acciones y motivaciones. Aquí contemplas sus deseos, influencias y procesos de toma de decisiones. Si pasas tu mano por detrás de la parte superior de las orejas, activarás el surco temporal superior, vinculado a este proceso de mentalización.

Prognosis futura: Qué puede hacer la persona para resolver la situación. Según sean las cartas anteriores, puedes aportar contexto para hablar de los próximos pasos y sus posibles consecuencias.

TIRADA DEL ARCO NARRATIVO

La tirada del arco narrativo te guía por el proceso de formación de una trama: parte de una pregunta, pasa por los posibles bloqueos o disonancias que el consultante puede tener dificultad en procesar y finaliza con las posibilidades futuras. Esta tirada es especialmente útil cuando el consultante llega con un resultado ya preconcebido, o cuando tú mismo sientes que estás atrapado en un bucle respecto a tus elecciones.

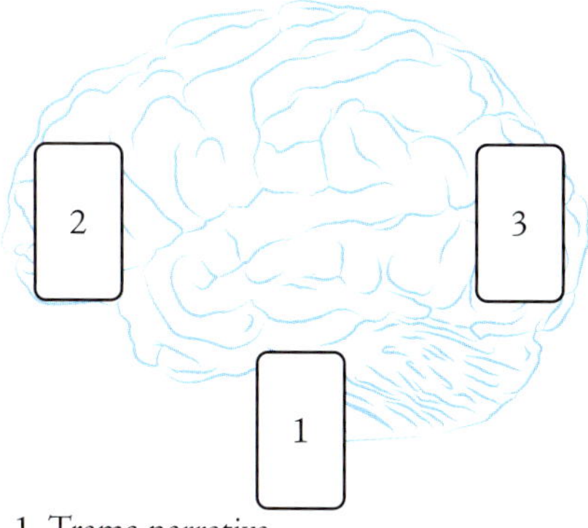

1. Trama narrativa
2. Obstáculos para la aceptación
3. Contemplación del futuro

Imagen 25: Tirada del arco narrativo

Trama narrativa: Cuando tú, como adivinador, estás realizando una lectura de cartas (o interpretando una carta astral), comienza a formarse una historia. Esta carta puede representar la lectura. El lóbulo temporal está involucrado en la creación de esta narrativa.

Obstáculos para la aceptación: Sin embargo, el consultante puede no estar listo para escuchar lo que dices o puede encontrar la información discordante con sus propias expectativas. Puedes esclarecer estos obstáculos para la aceptación. Esta carta puede representar dichos obstáculos. Puede ser interesante pedirle al consultante que interprete esta carta.

Contemplación del futuro: Pensar en el futuro es parte de la red neuronal por defecto, que configura cómo se desarrollan las cosas con diferentes elecciones. Esta carta es una mirada a la encrucijada del consultante.

Ejercicio 33
LA TIRADA DE LA ANTICIPACIÓN

Utiliza esta tirada para superar el sesgo de la expectativa y abrirte a nuevas entradas. Alternativamente, puedes usar esta tirada para establecer intenciones.

1. Saca tres cartas, pero mantenlas sin desvelar.
2. Desvela la primera carta.
3. Escribe lo que esperas que sea la segunda imagen o tema.
4. Pide al consultante que escriba lo que quiere o espera que trate la siguiente imagen.
5. Desvela la segunda carta.
6. Escribe cómo te sientes al ver esta imagen. ¿Coincide con lo que dijiste en el paso 3?
7. Pregunta al consultante cómo se siente respecto a la segunda imagen y si coincide o no con su expectativa.
8. Escribe qué crees que será la tercera carta o imagen. Observa también tus sentimientos antes de descubrir la carta.

9. Pide al consultante que escriba lo que quiere o espera que trate la siguiente imagen.
10. Desvela la tercera carta.
11. Escribe cómo te sientes al ver esta imagen. ¿Coincide con lo que dijiste en el paso 8?
12. Pregunta al consultante cómo se siente respecto a la tercera imagen y si coincide con su expectativa.

CORRESPONDENCIAS DEL TAROT CON LA NEUROCIENCIA

El tarot tiene muchas correspondencias. Durante siglos, la gente ha asociado su simbología con la Cábala, con el zodíaco, con la numerología, con deidades de distintas religiones, entre otros. Para mí, el tarot es una ventana a nuestra mente y, siendo el cerebro el principal intérprete de las cartas, sentí que debería haber correspondencias naturales con el mundo de la neurociencia. Ésta fue, en esencia, mi principal incursión para crear el mazo Neuro Tarot. A continuación, profundizo en los arcanos mayores y sus relaciones con la neurociencia.

El Loco: El Loco representa los comienzos y se asemeja al fenómeno de la neurulación, cuando nacen las neuronas, pero sin identidad específica y pueden vagar, haciendo conexiones, explorando su pleno potencial en el futuro.

El Mago: El Mago sigue al Loco y tiene toda la capacidad para actuar y avanzar. Cada acción que tomamos, cada respiración, cada pensamiento, es el producto de señales que se propagan a través de neuronas llamadas potenciales de acción. Éstas son esenciales para que llevemos a cabo las funciones y son energía fundamental.

La Sacerdotisa: La Sacerdotisa te pide que te retires dentro de ti mismo para un período de autoexamen. La meditación y la contemplación pueden revelar más que una búsqueda externa de conocimiento. Piensa en la mente contemplativa y los mensajes que guardas en tu interior. Situada justo encima del tercer ventrículo (una de las cavidades que hay dentro del cerebro), la glándula pineal puede secretar hormonas en el líquido cefalorraquídeo y en el torrente sanguíneo. Una de estas hormonas, la melatonina, actúa como una señal de retorno en los animales, guiándolos de regreso a casa. Reflexiona sobre esto para encontrar tu propio lugar, tu propio hogar, al mirar hacia dentro.

La Emperatriz: La hipófisis es el centro del control hormonal y la homeostasis. Desde la regulación del hambre, el deseo y la temperatura, hasta la fertilidad y la pubertad, es el centro de la regulación holística. Cuando pienses en la Emperatriz y toda su abundancia y generosidad, piensa en la hipófisis, en lo profundo, y en las hormonas que libera para hacerte sentir todas las emociones: hambre, lujuria, satisfacción, y más.

El Emperador: Mientras los pensamientos fluyen como ríos, irrumpiendo en la mente, el lóbulo frontal ejerce control e inhibición para regularlos y permitir que emerja nuestra humanidad. Sin esto, vagaríamos sólo por instintos y no habría creación consciente. Piensa en el lóbulo frontal, sobresaliendo hacia delante por encima de los ojos, y en cómo actúa como el Emperador de tus pensamientos y acciones, trayendo estabilidad, autoridad y control.

El Hierofante: El hipocampo es el asiento de la memoria. Descrito como parecido a un caballito de mar o al cuerno de un carnero, es aquí donde los científicos buscan las pistas del almacén del conocimiento. El tiempo, la distancia y la ubicación también se codifican en esta zona del cerebro. En cierto modo, la lección podría ser: úsalo o piérdelo; se pueden aprender cosas, se puede alcanzar la pericia. Cuando medites sobre el Hierofante y toda su experiencia, orientación y el poder del conocimiento, piensa en el hipocampo.

Los Enamorados: La oxitocina, conocida como la «hormona del amor», se ha asociado con el vínculo de pareja y la monogamia en los animales, así como con los vínculos y comportamientos maternos/paternos. Abrazar el vínculo, compartir tu hogar, sentir la resonancia en el otro, llenándote de abundancia con la ayuda del hipotálamo. Abraza las relaciones y todas las ramificaciones que conllevan los Enamorados.

El Carro: El Carro apunta a superar obstáculos y responder a situaciones con el control y la confianza apropiados. La vida está llena de decisiones (¿debo quedarme o debo irme?) y la más primitiva entre ellas es la de «lucha o huida» (*fight or flight*). Las glándulas suprarrenales situadas encima de los riñones responden a señales de estrés del cerebro y liberan adrenalina y cortisol, lo que luego impulsa a la acción. Las glándulas suprarrenales pueden estar situadas bastante lejos del cerebro, pero aún están bajo control neurohormonal. La forma en que uno responde al cortisol en diferentes situaciones puede depender de los receptores de estrés en el cerebro, que se programan en el embrión. La belleza de la mayoría de los sistemas biológicos es su aspecto autorregulador: el cortisol de las suprarrenales da retroalimentación al cerebro para reducir la activación de la vía del estrés (es como si el agua que fluye de un grifo cerrara el grifo). Así que cuando pienses en tomar decisiones, escucha también a tu cuerpo.

La Fuerza: El soporte principal de las neuronas está provisto por una estructura esquelética de microtúbulos que se extienden por toda la célula neural. La forma e integridad de la célula y, por ende su función, son mantenidas por estos andamios. El crecimiento de nuevas neuronas también se extiende a través de estos microtúbulos, lo que ejemplifica que la Fuerza no es sólo para el sostenimiento sino también para el crecimiento. Cuando medites en la carta de la Fuerza, en la perseverancia y la confianza en uno mismo, piensa en los bloques de construcción, las pequeñas partes que te componen. Porque si la base no es fuerte, la estructura es débil. También significa que cuando sientas que no tienes fuerza, empieza por lo pequeño y ve construyendo.

El Ermitaño: A veces uno necesita retirarse y meditar para contemplar la situación, y esto lo simboliza el solitario Ermitaño. La ínsula, en lo profundo del cerebro, se considera el asiento de la conciencia, y se ha demostrado que su estructura se ve influida por prácticas meditativas. Los estudios de imagen han revelado conexiones de la ínsula con procesos de control cognitivo y centros emocionales afectivos en el sistema límbico, así como conexiones sensoriomotoras. Por tanto, actúa como un centro para integrar diferente información con el funcionamiento cognitivo. Ahora se cree que es el asiento de la conciencia.

La Rueda de la Fortuna: ¿Cómo desarrolla el cerebro regiones específicas con funciones específicas? ¿Cómo se transforma un tubo neural en un sistema nervioso con un cerebro anterior, neuronas motoras y sensoriales, y otras partes? Los genes Hox crean un entorno químico que se difunde por el embrión, empujándolos a formar diferentes estructuras. El tiempo es esencial. En muchos sentidos, los genes Hox encarnan al máximo este significado del azar y las posibilidades. Los genes Hox son los que nos moldean en entidades específicas, creando una sopa química que modela el embrión con el tiempo. Piensa en todas las cosas que debieron ocurrir para traerte a este momento. Piensa en los juegos genéticos del azar que condujeron a crearte como esta criatura perfecta. Eres una encarnación viviente de la Rueda de la Fortuna.

La Justicia: Para balancearse entre los árboles, uno necesita un equilibrio impecable. Esto es algo que debe desarrollarse, y a veces comienza en la infancia. El cerebelo, hacia la parte posterior del cerebro, mantiene esta funcionalidad, asegurándose de que aprendamos patrones para poder desplazarnos libremente, navegando por el mundo sin caer. Cuando pienses en causa y efecto, así como en adquirir un sentido de la justicia, recuerda que gran parte de tu propio equilibrio fue aprendido y acumulado con el tiempo.

El Colgado: La amígdala, enrollada en lo profundo como una serpiente, a veces puede atraparnos con emociones de miedo, dejándonos paralizados y confundidos. A veces, lo que podemos necesitar es una nueva perspectiva para romper este ciclo, una que nos mueva de la oscuridad a la luz. Muchas cosas relacionadas con el Colgado tratan sobre tomar una nueva perspectiva y cambiar. El mundo se ve completamente diferente al revés, así que ¿por qué no echar un vistazo? De ese modo, si te sientes atrapado y ansioso por una situación, puedes encontrar nuevas soluciones. Algunos de nuestros miedos son instintivos y se remiten a nuestra historia evolutiva. El Colgado tiene dudas, pero también los recursos para liberarse de esas cadenas. Recuerda ser amable contigo mismo, ya que algunos de esos miedos están encarnados.

La Muerte: Cuando las neuronas mueren, pasan por un proceso muy sistemático de degeneración. Los desechos son recogidos para que los materiales puedan reutilizarse y también para despejar el camino para el nuevo crecimiento que puede seguir. Numerosas otras células asisten al reclamo fúnebre de los desechos neuronales muertos. Aunque la Muerte puede significar un final, también representa los comienzos de un nuevo ciclo. Lo que puede rescatarse puede ser reutilizado.

La Templanza: El núcleo supraquiasmático, situado por encima de la intersección de los nervios ópticos, controla nuestro biorritmo. Con el ascenso y el descenso de diferentes hormonas y genes, los relojes en nuestros cuerpos marcan el paso del tiempo. La Templanza nos recuerda que la paciencia es, en verdad, una virtud, ya que incluso nuestros cuerpos tienen ritmos, y dentro de él hay elementos que alcanzan su punto máximo en ciertos momentos mientras otros siguen. Todo es un ciclo. Tenemos relojes corporales diferentes para distintos órganos, pero el reloj maestro que los coordina está por encima del quiasma óptico, donde los nervios ópticos se cruzan. En el núcleo supraquiasmático, hay unas veinte mil osciladoras neuronales autónomas, que están acopladas a través de señales químicas. Recuerda que todo tiene su propio tiempo y ciclos.

El Diablo: Dentro de todos nosotros hay impulsos que, al desatarse, nos controlan como a un títere, sacando al diablo que llevamos dentro. Sin control, seríamos marionetas movidas por nuestro cerebro sin inhibiciones. Los impulsos más básicos, sin razón, pueden, de hecho, conducir al hedonismo. Gran parte de la impulsividad tiene que ver con la inhibición o con la falta de ella. La corteza prefrontal y los ganglios basales son importantes en la vía de control de impulsos, y el daño a estas áreas conduce a un aumento de los comportamientos hedonistas incontrolados. Estas estructuras también están involucradas en las vías de riesgo-recompensa y unen así los comportamientos con el «placer».

La Torre: El cambio es la única constante, y nuestros cerebros son entidades plásticas que cambian constantemente. Las conexiones neuronales se forman, luego se revisan, y especialmente cuando se enfrentan a eventos grandes y cargados emocionalmente, el cerebro sufre cambios rápidos para adaptarse y sobrevivir. De algunos de estos cambios uno puede recuperarse; otros nos ponen en un nuevo camino. La Torre nos recuerda que, aunque los cambios pueden ser invisibles y estar fuera de nuestro control, el único camino es hacia adelante: adaptarse y sobrevivir. Experimentamos la plasticidad neuronal constantemente. Ésta es también la base de la recuperación de las lesiones, el desarrollo desde el embrión hasta la adultez, el aprendizaje de nuevos idiomas, etc. Las circunstancias imprevistas pueden alterar nuestro funcionamiento y cambiar drásticamente nuestra forma de pensar porque generan nuevos vínculos dentro de nuestras estructuras cerebrales. En muchos sentidos, esto es esperanzador, ya que muestra que nada está escrito en piedra. Puede ser modificado.

La Estrella: Las neuronas tienen la capacidad de regenerarse y son bastante creativas al intentar abrirse camino hacia delante. Muchas veces deben encontrar rutas alternativas alrededor de tejido cicatricial u otros obstáculos y saltar para restablecer conexiones con sus objetivos. Cuando un camino de escape se rompe, buscan otro. Ésta es la esencia de la esperanza que simboliza la Estrella.

La Luna: Aunque parezca que tienes el control, la mayoría de tus funciones son invisibles y operan con señales innatas, casi sin que te des cuenta. Sigue su guía. El tronco encefálico tiene generadores de programas que pueden controlar muchas funciones inconscientes del cuerpo. Éstas son acciones esenciales e innatas, como la regulación del ritmo cardíaco, la digestión, la respiración, la deglución, etc. También es el centro de los estados de ánimo, el sueño, la excitación y la vigilia. Estudios recientes han demostrado que la meditación consciente mejora la calidad de la materia gris del tronco encefálico y esto se correlaciona con una mayor sensación de bienestar positivo. Aunque la Luna pueda parecer nebulosa, también es instintiva y encarnada. Escucha tus señales internas.

El Sol: Baila por el universo con gratitud, reconociendo conscientemente lo positivo y creando tu propia felicidad. El estudio de la felicidad ha sido esquivo: algunos hablan de búsqueda de recompensa, otros de huida del sufrimiento y, recientemente, se han identificado centros de gratitud. El núcleo accumbens, la corteza prefrontal y el área tegmental ventral, que forman una red de centros neuronales, están implicados en la sensación de felicidad y su vinculación con la emoción. Éstos están unidos por un circuito llamado haz medial del cerebro anterior. Las endorfinas, que se dirigen a los receptores opiáceos nativos del cerebro, se liberan cuando experimentamos estímulos como la risa, el contacto físico, el canto, la sonrisa y sensaciones como el orgasmo. Todo esto activa los circuitos de la felicidad. También parece haber una diferencia entre el cerebro izquierdo y el derecho en el circuito de la felicidad, siendo el lóbulo frontal izquierdo el que se activa durante la meditación y la risa. Además, cada individuo tiene diferentes niveles base de felicidad, lo que puede tener una base genética. La investigación también señala que reprimir pensamientos negativos no basta para ser feliz. Hay una mayor probabilidad de activar los centros de felicidad mediante procesos como la meditación o a través de sensaciones como el tacto, el sonido, el gusto, etc.

El Juicio: En el Juicio, la resolución surge al reflexionar sobre todos los lados y reunir la información. Así como una mariposa necesita ambas alas para volar libremente, nosotros necesitamos ambos hemisferios del cerebro para funcionar bien. El cuerpo calloso es un tracto de fibras que une los dos hemisferios cerebrales, integrando la información entre ellos. También conocido como comisura, el cuerpo calloso sirve para comunicar e integrar información sensorial/motora, así como las funciones cognitivas entre ambos hemisferios.

El Mundo: Incluso la gota más pequeña de agua puede abarcar un océano con su poder de regeneración y recolección. Las células madre neuronales tienen la capacidad de transformarse en numerosos futuros distintos. Una vez que se fijan en un camino, se diferencian para alcanzar una estructura y función específicas. Esto les da un propósito determinado, que podría ser enviar o recibir información, integrar señales u ofrecer soporte. También se utilizan para ayudar en la recuperación tras lesiones y con los cambios constantes en la adultez. En muchos sentidos, las células madre ofrecen una visión de todo lo que puede ser, pero con su poder de regeneración, también pueden reponer el conjunto. Como el mundo, sirven como un ciclo completo, que lo abarca todo.

LOS ARCANOS MENORES

¿Cómo trasladamos los diferentes palos al mundo del Neuro Tarot? Una forma de pensarlo es considerar los elementos –aire, agua, tierra y fuego– y cómo se relacionan con el cerebro. Al observar el mundo de los mazos de tarot, muchos se inspiran en animales (gatos, perros, espíritus animales), alejándonos de una visión antropocéntrica. Nuestros cerebros y lo que sabemos de ellos existen sólo gracias a todas las criaturas que nos precedieron, por cómo contribuyeron al conocimiento como sujetos experimentales y también a través de la evolución. En esencia, llevamos dentro los planos de millones de criaturas codificados en nosotros.

Me imagino el palo de copas como *Mollusca* –caracoles, almejas y mejillones–, con su cornucopia de conchas que se bañan en los misterios del agua, pero también al pulpo y al calamar, maestros de la ilusión, la depredación y el camuflaje, el epítome del misterio, el deseo y el control. Los moluscos nos han enseñado mucho sobre neurociencia, desde sistemas de memoria hasta sistemas de alimentación y comprensión de comportamientos complejos.

Los pentáculos son terrenales y materiales, evocando la excavación, el caminar sobre suelo firme y árboles. Para mí, los pentáculos son *Mammalia.* Los mamíferos abundan sobre la Tierra, desde topillos y conejos hasta ratas y monos. El materialismo también evoca objetos como pieles, pelajes y otras telas ricas derivadas de mamíferos. Asimismo, representan, en cierto modo, el foco principal de inversión de fondos de investigación. Aquí, la investigación en neurociencia utiliza estas criaturas más como herramientas científicas que con la curiosidad del naturalista. La investigación cerebral en mamíferos también ha dado lugar a algunos de los productos materiales más formidables: medicamentos, neurotecnologías y fármacos.

Las espadas representan el aire en algunas correspondencias elementales, y me gusta imaginar las espadas como garras afiladas o picos punzantes, el palo de Aves. Las aves están en constante movimiento, construyendo, buscando, cazando. Pero también desaparecen repentinamente como el viento. Las aves han sido utilizadas en la investigación cerebral desde hace mucho tiempo, desde las palomas de Skinner aprendiendo en cajas, hasta el estudio de rituales de apareamiento, navegación auditiva en búhos, canto en pinzones cebra y la fascinante fabricación de herramientas en los cuervos. El comportamiento extraordinario de las aves en el apareamiento, la anidación y la migración a través de miles de kilómetros nos hace contemplar narrativas intrincadas.

Los bastos representan el fuego en algunas correspondencias. Los bastos son energía y creatividad. También significan pasión. Pienso en *Insecta* excavando en la tierra caliente con su miríada de trucos para formar colonias cooperativas, construir túneles intrincados e incluso sobrevivir a incendios forestales devastadores. Simbólicamente, los insectos han sido utilizados para representar la pasión, la espiritualidad y la intuición en distintas culturas. Los científicos han pasado incontables horas investigando los comportamientos de abejas y hormigas, las estrategias de las mantis religiosas y las acciones de cucarachas ágiles.

ÚLTIMAS REFLEXIONES

Aunque estas correspondencias puedan parecer tenues para algunos, espero investigarlas más a fondo y explorar cómo pueden interpretarse las cartas individuales dentro de los palos también. Tenemos mucho que aprender de los cerebros de las criaturas que nos rodean y podemos usar ese conocimiento en nuestro propio proceso adivinatorio.

CONCLUSIÓN

TU CEREBRO ADIVINADOR

Echar un vistazo a nuestros cerebros es un viaje emocionante y podemos usar diferentes herramientas de adivinación para acceder a esos pensamientos que están encerrados o profundamente dentro de nosotros, así como a cosas que no comprendemos de inmediato. Para algunos de nosotros, estas herramientas pueden ser observar las nubes, meditar sobre cartas del tarot, consultar oráculos o mirar alineaciones planetarias. Estos augurios encienden algo en nosotros que luego burbujea como percepciones intuitivas sobre nuestras vidas y decisiones. Esto nos permite crear un diálogo con nuestro yo interior, formando una especie de lenguaje para comunicarnos con aquello que no puede ser verbalizado. Esto es lo que hace que el proceso de adivinación sea tan mágico y emocionante. Abre muchas puertas a otros reinos y se adentra en nuestra conciencia, haciéndonos pensar cosas como: «¡Guau! ¿Yo pensé eso?» o «¿Cómo supe que eso podía pasar?», y así sucesivamente.

A lo largo de este libro, hemos recorrido numerosos ejercicios que, con suerte, te han brindado formas de sintonizar tu cerebro intuitivo, mejorar tus procesos de intuición, reconocer emociones y escuchar a tu cuerpo. Estas herramientas no deben usarse sólo durante el proceso de adivinación; pueden ser útiles también en la vida cotidiana. Usamos la intuición y obtenemos percepciones en todas nuestras decisiones y comportamientos, y trabajar estos ejercicios es una forma de mejorar sistemáticamente ese proceso. El cerebro, al igual que tu cuerpo, necesita ejercitarse, y las tareas aquí presentadas pueden ayudarte. Te recomiendo que pongas una fecha en tus notas y que las revises después de unos meses para ver si las cosas han cambiado.

REENTRENAR EL OJO DE TU MENTE

Comenzamos este libro observando cómo percibimos el mundo, la maquinaria visual que nos permite interactuar con lo que nos rodea y cómo esa información se descompone y almacena. A partir de ahí, comenzamos el laborioso proceso de construir nuestra visión. Primero, rehacemos la imagen, luego añadimos información que nos permite reconocer la imagen y situarla en contexto. Después, texturizamos esta imagen mental con significados, asociaciones de recuerdos y, luego, narrativas. Nuestros cerebros son los grandes narradores y todo es una historia que encaja en patrones o temas. Usamos nuestras imágenes mentales y recuerdos para formar estas historias. Por eso, las herramientas de adivinación como las cartas del tarot y las cartas astrales están llenas de metáforas. Constantemente, estamos creando un mundo de metáforas para intentar entender cómo encajamos en él.

Aunque la mayoría de nosotros somos criaturas visuales, puede que haya quienes estén más sintonizados con otros sentidos, con el olfato, el oído, el gusto o el tacto. Algunos de nosotros tenemos imágenes mentales vívidas –pintorescas escenas de playa con olas turquesa, arena dorada y conchas brillantes–. Otros sólo pueden ver unas pocas palabras o un atisbo de bocetos de olas en la orilla en el ojo de la mente. Por ello, también hablamos sobre cómo descubrir qué tipo de visualizador eres, cómo enfocar tu imaginación visual y cómo prestar atención a cómo añades significados y asociaciones a tus imágenes.

Recuerda que somos animales humanos. Tenemos una historia, una vida de experiencias que nos ha llevado a este momento en el tiempo y, por muchas meditaciones y esperanzas de trascendencia que tengamos, somos criaturas emocionales. La forma en que estas emociones colorean tu observación de diferentes objetos frente a ti también forma parte del contexto de cualquier lectura. Cada uno de nosotros tiene una versión distinta de los mismos augurios. Usamos diferentes palabras para describirlos y tenemos nuestros propios sesgos en cómo interpretamos las señales. Aprende a identificar tus principales sesgos, tus muletas y significados recurrentes. Observa si siempre aciertan o si son un hábito que debe reconsiderarse. Reconoce cómo observas, qué observas y si puedes entrenar tus ojos para «notar» cosas nuevas en los patrones que tienes delante.

DOMINAR TU INTUICIÓN

Ahora tenemos una historia desplegada frente a nosotros y estamos a punto de interpretarla. Para muchos lectores novatos, el arte de la interpretación o de derivar significado de las herramientas adivinatorias es un proceso que avanza paso a paso en el que se aplica lo aprendido en los libros («si sucede esto, entonces aquello seguramente le sigue», y así sucesivamente). Estas interpretaciones iniciales son pensamientos intuitivos más simples que dependen de menos partes del cerebro y utilizan principalmente nuestros sistemas de memoria y estados emocionales actuales. Sin embargo, los saltos de intuición que da un adivinador experimentado son más rápidos y pueden no seguir el camino lógico, ya que los años de experiencia agregan capas de matices a cómo ven los augurios frente a ellos. Estas intuiciones implican procesos cerebrales más complejos, que finalmente se integran en la corteza del cíngulo para dar lugar a pensamientos más elaborados. Como un cirujano experto que corta a ciegas o un gran atleta que anticipa la siguiente jugada, estos adivinadores expertos van más allá de la lógica para llegar a conclusiones profundas sobre cómo se desarrolla la narrativa y lo que significa. Si preguntaras cómo puedes mejorar tu intuición, la respuesta rápida sería: ¡práctica! ¡práctica! ¡práctica!

Tomar una decisión basada en la intuición no siempre significa tomar la decisión correcta. Aunque las decisiones intuitivas son rápidas y nos brindan una resolución en el momento, las cosas no siempre resultan como esperamos. Este concepto de hacer saltos intuitivos que tranquilizan la mente se llama «facilidad cognitiva». Reflexionar sobre estas decisiones intuitivas puede ayudarte a preguntarte por qué elegiste lo que elegiste, por qué interpretaste las cosas de cierta manera o por qué pensaste que las cartas significaban lo que creíste. Este proceso de volver a pensar en tus decisiones intuitivas puede ayudarte a ganar perspectiva, aprender sobre tu proceso intuitivo y mejorar en él. Obtener comprensión no es fácil. Muchas veces, hemos hecho los saltos intuitivos a ciegas, sin señales conscientes que indicaran por qué nos movimos en cierta dirección. A veces, esa comprensión llega mediante una disección lógica paso a paso de lo que observamos, los significados que usamos, los patrones que detectamos y, luego, la interpretación final que dimos. Pero otras veces, la comprensión llega de la nada, mientras te duchas o durante una caminata larga. Lo que espero es que, poco a poco, aprendas a reconocer tus propias habilidades y que entrenes para ganar comprensión y perspectiva y mejores así tu intuición en el futuro.

Las partes reflexiva (introspección) y refleja (intuición) del cerebro son muy distintas. Pero ambas son esenciales en el proceso adivinatorio. La red neuronal por defecto, que es responsable del sentido del yo, es la que está implicada en el procesamiento de la comprensión –casi insinuando el concepto de autorrealización del inconsciente–. Nuestro cerebro tiene estrategias para asegurarse de que podamos tomar decisiones y elecciones en una fracción de segundo sin necesitar demasiada información. Al mismo tiempo, tenemos la capacidad de almacenar y analizar una gran cantidad de información rápidamente. La mayor parte de esto sucede en las profundidades del inconsciente. Va emergiendo lentamente, pero a veces aparece de forma repentina cuando tenemos esas comprensiones profundas. Los ejercicios para perfeccionar tu intuición y comprensión pueden repetirse y te ayudarán a mejorar la capacidad de hacer saltos de fe más precisos con el tiempo.

CREE EN TU CUERPO

Ninguno de nuestros pensamientos ocurre en el vacío y lo cierto es que tenemos emociones que ofrecen una lente distinta para cada cosa que hacemos. Si estás agitado o enojado e intentas hacer una lectura intuitiva, puedes interpretar las señales que aparecen frente a ti de manera muy diferente a si estuvieras feliz o emocionado. Aunque no siempre podamos ser un alma serena y tranquila, podemos emplear estrategias para controlar nuestra lente emocional antes de una adivinación, con el fin de ser un poco más imparciales en nuestras interpretaciones. Aquí es importante hacer un inciso para decir que la mayoría de las emociones son interpretaciones de reacciones corporales hechas por el cerebro. Esto se denomina «interocepción» y es otro sentido que tenemos: el procesamiento de señales internas del cuerpo desde nuestro intestino, corazón, músculos y otros órganos. Estas señales son luego calibradas por el cerebro para significar una cosa u otra. Estas emociones resultan en activaciones o desactivaciones en el cerebro. Tómate un momento para notar si asocias ciertos aspectos de tu herramienta adivinatoria (cartas del tarot, patrones astrológicos, etc.) con ciertas emociones.

Dado que no somos sólo cerebro, sino criaturas encarnadas, también deberíamos detenernos y observar en qué parte del cuerpo nos sentimos activados o desactivados cuando experimentamos distintos estados emocionales. Estas sensaciones se envían a la ínsula, la amígdala, la corteza prefrontal y el núcleo accumbens para formar nuestros núcleos afectivos emocionales. Desde ahí, debemos conceptualizar que eso es, efectivamente, una emoción. La comparamos con lo que sentimos antes para identificar la emoción real. Por ejemplo, si tengo frío en los pies, calor en el pecho y calma en los brazos, eso significa que estoy nervioso, o algo por el estilo. Finalmente, verbalizamos la emoción asignándole palabras, etiquetas y significado.

Diferentes cartas pueden tener diferentes valencias emocionales para nosotros o hacernos sentir cosas distintas en el cuerpo. Observa esas diferencias y fíjate si colorean tus lecturas. En tanto que criaturas sociales, también somos susceptibles a las emociones de los demás. Si estás leyendo para otra persona, asegúrate de estar en un estado neutral y de enraizarte para no dejarte afectar por el consultante. Existen estrategias mediante las cuales podemos alterar nuestras posturas corporales para modificar nuestro estado emocional. La meditación consciente (o realizar un ritual similar) antes de tus lecturas es una excelente idea. Otro aspecto importante es que el consultante puede no estar abierto a tus interpretaciones de las imágenes. También puedes ofrecerle algunos ejercicios para que esté más receptivo y abierto a la sesión. Usa los mapas corporales para descubrir dónde sientes las cosas, para ser más consciente de tus reacciones instintivas. Muchos de nosotros usamos las «corazonadas» y los disparadores corporales de forma inconsciente durante una lectura. No estoy sugiriendo que elimines la espontaneidad de tu práctica, pero sí creo que podría ser beneficioso que notemos las señales que usamos para hacer esos saltos intuitivos. Y mucho de todo eso procede del cuerpo.

ADIVINANDO AL OTRO

La mayoría de las adivinaciones no ocurren en aislamiento y, normalmente, involucran a una pareja: un consultante y un lector. En estas lecturas, el adivinador se compromete constantemente a empatizar con el consultante, reflejar sus emociones y tratar de imaginar mentalmente sus elecciones y comportamientos. Los humanos, como animales sociales, tenemos la capacidad de participar en esa empatía cognitiva en la que tratamos de comprender las intenciones, los deseos y las motivaciones de quienes nos rodean. El adivinador utiliza esta información a través del filtro de sus cartas o cartas astrales para crear una narrativa. Esta narrativa tiene una trama: un comienzo, un desarrollo y una resolución –o tal vez una multitud de opciones desplegadas para el consultante–. Pero, como bien sabemos, todos oímos lo que queremos oír.

En este baile que es la adivinación, la historia desplegada ante el consultante se filtra a través de su propio cerebro emocional. Ellos crean su propia multitud de escenas futuras y las representan mentalmente. A veces, pueden no estar de acuerdo con lo que se dice, lo que genera disonancia. Si eres adivinador, ten esto presente. Los castillos que construyes a partir de las cartas o cartas astrales que tienes frente a ti son castillos efímeros en las nubes o en la arena. Incluso mientras los construyes, o antes de hacerlo, el consultante que está frente a ti ya los está desmontando grano a grano para crear sus propias versiones y explorar lo que mejor se ajusta a su propio proceso interno de mentalización en ese momento. Saber cómo estas cosas se desmontan y se rearman puede ayudarte a mejorar en tu oficio.

HACIA LA PREDICCIÓN

Aunque mi práctica principal del tarot como herramienta de adivinación ha tenido el objetivo de conocerme mejor y obtener claridad sobre mis decisiones, hay un elemento de emoción cuando uno piensa en usar estas herramientas para ver el futuro. Especialmente en tiempos difíciles, cuando hay mucha incertidumbre en el mundo y no sabemos qué hacer, es fácil hallar consuelo tratando de conocer un poco de lo desconocido. Nuestros cerebros son entidades de predicción. Cada paso que damos y cada movimiento que hacemos es parte de un juego de anticipación y expectativa. Constantemente estamos trazando cómo se moverán las cosas o cómo reaccionarán al interactuar con el mundo que nos rodea. Y esto nos ayuda a navegar por el mundo. Nuestro cerebro predice y luego aprende de lo que sucede, y, a continuación, corregimos el rumbo para que la próxima vez podamos predecir con más precisión. Aunque la mayor parte de esta anticipación se da en escalas de tiempo de milisegundos, segundos o minutos, también hacemos predicciones a más largo plazo, como el clima o acontecimientos de la vida, que nos permiten planificar con anticipación.

No sabemos si los animales no humanos tienen la capacidad de viajar mentalmente en el tiempo como nosotros, deambular hacia el futuro o el pasado. Hay algunos hallazgos recientes en el campo de la neuropredicción que sugieren que nuestras ondas cerebrales pueden predecir inconscientemente cómo se desarrollarán los hechos dentro de seis meses o incluso dos años. Nuestras elecciones individuales pueden detectarse en áreas como el núcleo accumbens (elecciones positivas) y la ínsula y la amígdala (elecciones de evitación). Evaluamos el valor de estas decisiones en la corteza prefrontal. Así que muchas de estas decisiones e ideas sobre el futuro, en realidad, se deciden en lo más profundo del inconsciente, y puede que ni siquiera seamos conscientes de haber tomado esa elección hasta mucho después. Sería maravilloso ver esto aplicado a ideas como la adivinación.

TU MÁGICO Y DIVINO CEREBRO

En tanto que adivinadores que estamos accediendo a las profundidades de nuestro subconsciente, pensé que sería maravilloso aprender más sobre cómo hacemos lo que hacemos. Esto no es esencial para nuestra práctica, pero puede ayudarnos a entender cómo funcionan las cosas, a darles sentido y quizás incluso a mejorar nuestro arte. Como adivinadores, también somos curiosos por naturaleza y buscadores de conocimiento, ¿y qué mejor forma de explorar que mirando dentro de nosotros mismos?

Espero que hayas encontrado en este libro un recurso, una guía y un diario personal que te ayude a sumergirte en tu mente y a expandir tus horizontes. Tu cerebro es glorioso, mágico y divino. ¡Sumérgete en él!

AGRADECIMIENTOS

A Appa y Amma, Naren y Sowmiya, Harshita y Maanya. Esto no podría haber sucedido sin vosotros. Empacamos cajas, diseñamos carteles e invitamos a personas al primer lanzamiento de Neuro Tarot. Aunque no sabíais del todo de qué se trataba, os lanzasteis a ello. Y ahora tenemos un libro.

A Soumya (Sam), mi hermana, compañera de chismes y confidente, por darme mi primer mazo de tarot y, quizás, hacerme mi primera lectura. Gracias por tomarte el tiempo de destrozar partes de este manuscrito. Se ha convertido en una mejor lectura gracias a ti.

A Victoria Vesna, por mostrarme la luz del Arte + Ciencia y sacarme de los sótanos de los experimentos. He crecido como persona y he abrazado mi lado místico gracias a tu valiente apertura a explorarlo todo. A Goms, por preocuparte por mí, todos los días, durante años.

A Yuval y Sivan, por aguantar a un Appa estresado y gruñón mientras luchaba con el manuscrito. Y por estar allí. Gracias. Yuval aún se maravilla con el tarot y se pregunta qué locura nueva propondré. Y luego me deja sumergirme en la locura. Sivan, con tres años ahora, dice: «Termina tu libro de tarot, Appa», y se pone a jugar con los mazos de tarot que traje de alguna conferencia. Quién sabe qué está aprendiendo, pero seguro que será interesante.

Mi descubrimiento de la comunidad del tarot fue tanto una sorpresa como una bendición bienvenida. Fue tan acogedora y me recibió sin reservas. Un enorme agradecimiento a Michelle Welch por arriesgarse con un científico en NWTS en 2022. Eso abrió mis puertas a todo un nuevo mundo de personas y magia. Gracias por abrirme las puertas a tu mundo.

Conocí también a Barbara Moore en esa conferencia, y la acosé un poco. Por suerte, dijo que también me estaba buscando. Me acompañó en este proceso y ha sido una luz increíblemente positiva. Al equipo de Llewellyn, Marysa, Kat y los maravillosos ilustradores, gracias por dar vida a este libro. También acosé en Facebook a Mat Auryn, y dio la casualidad de que él me escribió. (¿Muy psíquico?). Me ha conquistado con su espíritu generoso y sus ánimos.

Mary K. Greer, con quien me senté en NWTS sin saber qué decir, hizo un gran esfuerzo por invitarme a presentar con ella en el «Masters of Tarot Workshop» en Omega en 2023. Aprendí muchísimo en el proceso. Gracias, Mary, por escribir un prólogo tan hermoso para este libro.

Finalmente, a todos vosotros que habéis comprado y disfrutado del mazo *Neuro Tarot,* este libro es un hijo directo de ese empeño. Vuestro interés me llevó a explorar más. Esto es para todos vosotros.

¡Gracias!

GLOSARIO

adivinación: en el contexto de este libro, tener una intuición o comprensión extraordinaria.

afecto central: término que describe la representación mental de los cambios corporales; el afecto central suele estar acompañado de fluctuaciones físicas, cinestésicas, propioceptivas y neuroquímicas que ocurren dentro del núcleo del cuerpo y son representadas en el cerebro.

afecto positivo/facilidad cognitiva: alivio mental que se experimenta al tomar una decisión intuitiva.

amígdala: parte del sistema límbico y asiento del miedo y del procesamiento emocional.

biorritmos: relojes corporales internos basados en ciclos diurnos, nivel de excitación y hormonas.

centro visual/V1: la corteza visual primaria recibe la información visual y procesa el mapeo espacial.

cognición social: forma en que las personas utilizan la información en contextos sociales para explicar y predecir su propio comportamiento y el de los demás.

conceptualización: enlaza las percepciones de estímulos sensoriales del mundo con señales internas del cuerpo para crear un momento psicológico significativo; la conceptualización es el proceso por el cual se usan representaciones almacenadas de experiencias previas (es decir, memorias, conocimientos) para dar sentido a las sensaciones del presente.

consultante (*querent*): la persona que formula la pregunta o plantea el problema; en algunos casos, puede ser la misma persona que realiza la lectura.

contagio emocional: verse afectado por las emociones de los demás.

corteza orbitofrontal: situada en la parte frontal del cerebro (cerca de las órbitas oculares); actúa como sede del estado mental actual de una persona.

corteza prefrontal: área que controla el procesamiento consciente, ejerciendo control e inhibición sobre las acciones; añade valor a las acciones.

corteza prefrontal medial: parte de la corteza prefrontal; la actividad en esta área puede usarse para entender cómo percibimos a las personas de manera espontánea.

divagación mental: pensamientos libres que no están limitados por el contexto inmediato.

empatía: capacidad de comprender y compartir los sentimientos de otro.

empatía afectiva: capacidad de observar y reflejar la reacción física del otro ante una situación o evento.

empatía cognitiva: capacidad de comprender las motivaciones, deseos e impulsos que causaron que alguien se comportara de cierta manera.

espejeo (*mirroring*): creación de imágenes mentales o respuestas físicas que imitan o reflejan las observadas en otros.

ganglios basales: región en la base del cerebro anterior, responsable principalmente del control motor, el aprendizaje motor, las funciones ejecutivas, los comportamientos y las emociones.

giro supramarginal: zona del cerebro que se activa con el sentido del «yo».

hipotálamo: controla una variedad de mecanismos de homeostasis corporal, como el hambre, la saciedad y el amor; también regula las hormonas y la función inmune en todo el cuerpo, usualmente a través de la hipófisis.

imaginación/imagen mental/ojo de la mente: capacidad de visualizar sin ningún estímulo sensorial externo (cuasi-percepción).

insight: comprensión de la causa o lógica que hay tras un conocimiento particular; suele ser una revelación consciente repentina.

ínsula: estructura profunda del cerebro con representación de estructuras corporales internas.

interocepción: percepción interna de los órganos del cuerpo.

intuición: adquisición de conocimiento sin ninguna noción consciente, prueba, lógica o evidencia del mismo.

lector/adivinador: la persona mística que utiliza cartas astrales, cartas del tarot, oráculos u otra herramienta para responder a las preguntas planteadas.

lóbulo occipital: ubicado en la parte posterior del cráneo, es el más pequeño de los lóbulos emparejados del cerebro y alberga los centros visuales.

lóbulo parietal: integra información de diferentes modalidades sensoriales y ayuda con el razonamiento espacial y la atención.

lóbulo temporal: integra información visual y auditiva con la memoria a largo plazo en el hipocampo.

locus cerúleo: área en el tronco encefálico que forma parte del circuito de «conciencia» y se cree que regula los biorritmos; libera la hormona/neurotransmisor norepinefrina.

mentalización: creación de imágenes mentales de situaciones y resultados del comportamiento y elecciones de otra persona.

neuropredicción (*neuroforecasting*): capacidad de la actividad cerebral para predecir eventos.

neurociencia: estudio del cerebro y del sistema nervioso; aunque muchos piensen sólo en el cerebro cuando se menciona la neurociencia, es importante recordar que tenemos neuronas en todo el cuerpo y que nuestras funciones hormonales e inmunológicas también están moduladas por el sistema nervioso, al igual que nuestras emociones y decisiones de comportamiento.

neuroimagen: diferentes técnicas utilizadas para estudiar la estructura, función y farmacología del cerebro, incluyendo la resonancia magnética funcional (fMRI), la tomografía por emisión de positrones (PET), la imagen por tensor de difusión (DTI), entre otras; estas técnicas pueden usarse para estudiar funciones cerebrales normales y variaciones entre los individuos.

núcleo accumbens: media el procesamiento emocional y motivacional, modulando la recompensa y el placer; se activa durante conductas positivas.

núcleo caudado: integrador principal involucrado en el procesamiento intuitivo.

percepción: procesamiento cerebral que da sentido a lo que se ve.

red neuronal por defecto: múltiples áreas del cerebro que se activan durante la autorreflexión, la rumiación, la divagación mental y la meditación consciente.

retina: ubicada en la parte posterior del ojo; contiene fotorreceptores que convierten señales de luz en actividad eléctrica.

sistema nervioso autónomo: controla muchas respuestas automáticas del cuerpo como la dilatación de las pupilas, la expansión de los pulmones, etc.

surco temporal superior: hendidura en el lóbulo temporal implicada en los procesos de mentalización.

tálamo: denominado el centro de relevo; suele ser el lugar por donde entra la información antes de ser enviada a otras partes del cerebro. Piensa en una intersección o estación de paso donde ocurre mucho intercambio.

***umwelt*:** el mundo tal como es percibido por un organismo.

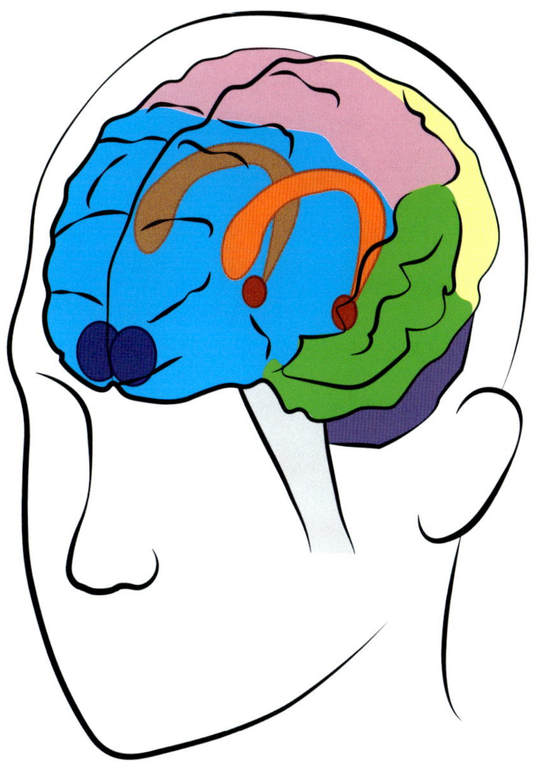

Ilustración 13: Garabatos cerebrales

BIBLIOGRAFÍA

ARIOLI, M.; CRESPI, C. y CANESSA, N.: «Social Cognition through the Lens of Cognitive and Clinical Neuroscience», *Biomed Research International,* (septiembre, 2018).

BARRETT, L. F.; MESQUITA, B.; OSCHNER, K. N. y GROSS, J. J.: «The Experience of Emotion», *Annu Review of Psychology* 58, pp. 373-403 (2007).

BARRETT, L. F. y SIMMONS, W. K.: «Interoceptive Predictions in the Brain», *Nature Reviews Neuroscience* 16, núm. 7, pp. 419-429 (julio, 2015).

BEM, D. J.: «Feeling the Future: Experimental Evidence for Anomalous Retroactive Influences on Cognition and Affect», *Journal of Personality and Social Psychology* 100, núm. 3, pp. 407-425 (2011).

BUBIC, A.; VON CRAMON, D. Y., y SCHUBOTZ R. I.: «Prediction, Cognition and the Brain», *Frontiers in Human Neuroscience* 4, núm. 25 (marzo, 2010).

CARNEY, D. R.; CUDDY, A. J. C. y YAP, A. J.: «Power Posing: Brief Nonverbal Displays Affect Neuroendocrine Levels and Risk Tolerance», *Psychological Science* 21, núm. 10, pp. 1363-1368 (octubre, 2010).

CHRISTOFF, K. *et al.*: «Mind-Wandering as a Scientific Concept: Cutting through the Definitional Haze», *Trends in Cognitive Sciences* 22, núm. 11, 957-959, (noviembre, 2018).

DINI, H.; SIMONETTI, A. y BRUNI, L. E.: «Exploring the Neural Processes behind Narrative Engagement: An EEG Study», *eNeuro* 10, núm. 7 (julio, 2023).

DOHERTY, R. W.: «The Emotional Contagion Scale: A Measure of Individual Differences», *Journal of Nonverbal Behavior* 21, núm. 2, pp. 131-154 (1997).

GARFINKEL, S. N. *et al.*: «Knowing Your Own Heart: Distinguishing Interoceptive Accuracy from Interoceptive Awareness», *Biological Psychology* 104, pp. 65-74 (julio, 2015).

GILBERT, P.: «Compassion as a Social Mentality: An Evolutionary Approach», en *Compassion: Concepts, Research and Applications,* editado por Paul Gilbert, Routledge, Londres, pp. 31-68 (2017).

GREENAWAY, K. H.; LOUIS, W. R. y HORNSEY, M. J.: «Loss of Control Increases Belief in Precognition and Belief in Precognition Increases Control», *PLoS One* 8, núm. 8 (agosto, 2013).

HANDLER, L.; CAMPBELL A. y MARTIN, B.: «Use of Graphic Techniques in Personality Assessment: Reliability, Validity, and Clinical Utility». en *Comprehensive Handbook of Psychological Assessment,* vol. 2, *Personality Assessment,* editado por M. J. Hilsenroth y D. L. Segal, John Wiley & Sons, Hoboken, pp. 387-404 (2004).

HORNE, J. A. y OSTBERG, O.: «A Self-Assessment Questionnaire to Determine Morningness Eveningness in Human Circadian Rhythms», *International Journal Chronobiology* 4, núm. 2 pp. 97-110 (febrero, 1976).

HRUSKA, P. *et al.*: «Hemispheric Activation Differences in Novice and Expert Clinicians during Clinical Decision Making», *Advances in Health Sciences Education* 21, núm. 5, pp. 921-933 (diciembre, 2016).

GORVETT, Z.: «How the Menstrual Cycle Changes Women's Brains – For Better», *BBC,* 6 de agosto de 2018. https://www.bbc.com/future/article/20180806-how-the-menstrual-cycle-changes-womens-brains-every-month.

JANKOWIAK-SIUDA, K.; RYMARCZYK, K. y GRABOWSKA, A.: «How We Empathize with Others: A Neurobiological Perspective», *Medical Science Monitor* 17, núm. 1 (enero, 2011).

KITAYAMA, S. y SALVADOR C. E.: «Culture Embrained: Going Beyond the Nature-Nurture Dichotomy», *Perspectives on Psychological Science.* 12, núm. 5, pp. 841-854 (octubre, 2017).

Knutson, B. y Genevsky A.: «Neuroforecasting Aggregate Choice», *Current Directions in Psychol Science* 27, núm. 2, pp. 110-115 (abril, 2018).

Knutson, B. y Greer, S. M.: «Anticipatory Affect: Neural Correlates and Consequences for Choice», *Philosophical Transactions of the Royal Society B: Biological Sciences* 363, núm. 1511, pp. 3771-3786 (diciembre, 2008).

Kober, H. *et al.*: «Functional Grouping and Cortical- Subcortical Interactions in Emotion: A Meta-Analysis of Neuroimaging Studies», *Neuroimage* 42, núm. 2, pp- 998-1031 (agosto, 2008).

Konishi, M.; McLaren, D. G.; Engen H. y Smallwood J.: «Shaped by the Past: The Default Mode Network Supports Cognition that Is Independent of Immediate Perceptual Input», *PLoS One* 10, núm. 6 (junio, 2015).

Koster, M.; Itakura S.; Yovis R.; y Kartner J.: «Visual Attention in 5-Year-Olds from Three Different Cultures», *PLoS One* 13, núm. 7 (julio, 2018).

Kragel, P. A. y LaBar, K. S.: «Decoding the Nature of Emotion in the Brain», *Trends in Cognitive Sciences* 20, núm. 6, pp. 444-455 (junio, 2016).

Lindquist, K. A. *et al.*: «The Brain Basis of Emotion: A Meta-Analytic Review» *Behavioral and Brain Sciences* 35, núm. 3, pp-121-143 (junio, 2012).

Maki, P. M.; Rich J. B. y Rosenbaum R. S.: «Implicit Memory Varies across the Menstrual Cycle: Estrogen Effects in Young Women», *Neuropsychologia* 40, núm. 5, pp. 518-529 (2002).

Marks, D.: «Visual Imagery Differences in the Recall of Pictures», *British Journal of Psychology* 64, núm. 1, pp. 17-24 (marzo, 1973).

McCrea, S. M.: «Intuition, Insight, and the Right Hemisphere: Emergence of Higher Sociocognitive Functions», *Psychology Research Behavior Management* 3, pp. 1-39 (marzo, 2010).

Mehling, W. E. *et al.*: «The Multidimensional Assessment of Interoceptive Awareness, Version 2 (MAIA-2)», *PLoS One* 13, núm. 12 (diciembre, 2018).

Nisbett, R. E. y Masuda T.: «Culture and Point of View», *Proceedings of the National Academy of Sciences of the United States of America* 100, núm. 19, pp. 11163-11170 (septiembre, 2003).

Nummenmaa, L.; Glerean E.; Hari R. y Hietanen, J. K.: «Bodily Maps of Emotions», *Proceedings of the National Academy of Sciences of the United States of America* 111, núm. 2, pp. 646-651 (enero, 2014).

Olenina, A. H.; Amazeen, E. L.; Eckard, B. y Papenfuss, J.: «Embodied Cognition in Performance: The Impact of Michael Chekhov's Acting Exercises on Affect and Height Perception», *Frontiers in Psychology* 10, art. 2277 (octubre, 2019).

Pearson, J.; Naselaris, T.; Holmes E. A. y Kosslyn, S. M.: «Mental Imagery: Functional Mechanisms and Clinical Applications», *Trends in Cognitive Sciences* 19, núm. 10, pp. 590-602 (octubre, 2015).

Riva, F. *et al.*: «Emotional Egocentricity Bias Across the Life-Span», *Frontiers in Aging Neuroscience* 8, pp. 74 (abril, 2016).

Salzman, C. D. y Fusi, S.: «Emotion, Cognition, and Mental State Representation in Amygdala and Prefrontal Cortex», *Annul Review of Neuroscience* 33, pp. 173-202 (julio, 2010).

Sawhney y Khosla: «Where to Look for Insight», *Harvard Business Review*, noviembre de 2014. https://hbr.org/2014/11/where-to-look-for-insight

Seth, A. K. y Friston K. J.: «Active Interoceptive Inference and the Emotional Brain», *Philosophical Transactions of the Royal Society B: Biological Sciences* 371 (noviembre, 2016).

Simony, E. *et al.*: «Dynamic Reconfiguration of the Default Mode Network during Narrative Comprehension», *Nature Communications* 7, art. 12141 (julio, 2016).

Smallwood, J. y Schooler, J. W.: «The Science of Mind Wandering: Empirically Navigating the Stream of Consciousness», *Annual Review of Psychology* 66, pp. 487-518 (enero, 2015).

Smith, G. K.; Mills, C.; Paxton, A. y Christoff, K.: «Mind-Wandering Rates Fluctuate across the Day: Evidence from an Experience-Sampling Study», *Cognitive Research: Principles and Implications* 3, núm. 1, art. 54 (diciembre, 2018).

Song, H.; Park, B.; Park, H. y Shim, W. M.: «Cognitive and Neural State Dynamics of Narrative Comprehension», *Journal of Neuroscience* 41, núm. 43, pp. 8972-8990 (octubre, 2021).

Spunt, R. P. y Adolphs, R. «The Neuroscience of Understanding the Emotions of Others», *Neuroscience Letters* 693, pp. 44-48 (febrero, 2019).

Tang, Y. *et al.*: «Arithmetic Processing in the Brain Shaped by Cultures», *Proceedings of the National Academy of Sciences of the United States of America* 103, núm. 28, pp. 10775-10780 (julio, 2006).

Taylor, J.: «The Nature of Precognition» *Journal of Parapsychology* 78, núm. 1, pp. 19-38 (2014).

Tylen, K. *et al.*: «Brains Striving for Coherence: Long-Term Cumulative Plot Formation in the Default Mode Network», *Neuroimage* 121, pp. 106-114 (noviembre, 2015).

Walsh, K. S.; McGovern, D. P.; Clark, A. y O'Connell R.: «Evaluating the Neurophysiological Evidence for Predictive Processing as a Model of Perception», *Annals of the New York Academy of Sciences* 1464, núm. 1, pp. 242-268 (marzo, 2020).

Wan, X. *et al.*: «Developing Intuition: Neural Correlates of Cognitive-Skill Learning in Caudate Nucleus», *Journal of Neuroscience* 32, núm. 48, pp. 17492-17501 (noviembre, 2012).

Wang, R. W. Y.; Chang, W., Chuang, S. y Liu, I.: «Posterior Cingulate Cortex Can Be a Regulatory Modulator of the Default Mode Network in Task-Negative State», *Scientific Reports* 9, núm. 1, art. 7565 (mayo, 2019).

Zander-Schellenberg, T. *et al.*: «It Was Intuitive, and It Felt Good: A Daily Diary Study on How People Feel When Making Decisions», *Cognition and Emotion* 33, núm. 7, pp. 1505-1513 (noviembre, 2019).

Zanesco, A. P.; Denkova, E; Witkin, J. E. y Jha, A. P.: «Experience Sampling of the Degree of Mind Wandering Distinguishes Hidden Attentional States», *Cognition* 205 (diciembre, 2020).

ÍNDICE ANALÍTICO

O

P

R

S

U

NOTAS

Para escribir al autor:

Si deseas contactar con el autor o deseas más información sobre este libro, por favor escribe al autor (en inglés) a través de Llewellyn Worldwide Ltd. y nosotros haremos llegar tu solicitud. Tanto el autor como la editorial agradecen saber de ti y conocer tu experiencia con este libro y cómo te ha ayudado. Llewellyn Worldwide Ltd. no puede garantizar que cada carta dirigida al autor reciba respuesta, pero todas serán remitidas. Por favor escribe a:

Siddharth Ramakrishnan, PhD
c/o Llewellyn Worldwide
2143 Wooddale Drive
Woodbury, MN 55125-2989

Por favor, incluye un sobre con tu dirección y franqueo pagado para la respuesta.

EJERCICIOS DIARIOS

ILUSTRACIONES ANATÓMICAS

IMÁGENES

ÍNDICE